CATALOGUE
DE LIVRES
RARES ET PRÉCIEUX
SUR LA CHASSE

ALDES — ELZEVIRS — POÈTES — CONTEURS — ETC.

et de

LA BELLE COLLECTION

DE SCEAUX ET CACHETS ORIGINAUX

Du cabinet de feu M. DE KOCH

Dont la vente se fera le Lundi 19 Mai 1862 et jour suivant
à 7 heures précises du soir

MAISON SILVESTRE

RUE DES BONS-ENFANTS, N° 28, SALLE DU PREMIER

Par le ministère de **Me BOULOUZE**, Commissaire-Priseur,
rue Ollivier, n° 14

Il y aura chaque jour de vente Exposition de 1 à 3 heures

PARIS

LIBRAIRIE TROSS
RUE NEUVE-DES-PETITS-CHAMPS, 5, ET PASSAGE DES DEUX-PAVILLONS, 8

—

1862

CONDITIONS DE LA VENTE

Les Adjudicataires payeront, en sus du prix des adjudications, cinq centimes par franc applicables aux frais.

Les Livres vendus devront être collectionnés sur place dans les vingt-quatre heures. Passé ce délai, ou une fois sortis de la salle de vente, ils ne seront repris pour aucune cause.

Les articles au-dessous de **12** fr. ne seront admis à rapport que dans le cas où ils seraient incomplets par l'enlèvement de feuillet ou portion de feuillet emportant du texte. Ils ne seront pas repris pour taches, mouillures, déchirures, piqûres et autres défectuosités.

ORDRE DES VACATIONS :

Lundi, 19 mai. . . .	**49 — 99**
— . . .	**118 — 184**
— . . .	**6 — 48**
Mardi, 20 mai. . . .	**185 — 318**
— . . .	**100 — 117**
— . . .	**4 — 5**
— . . .	**319 — 349**

CATALOGUE

DE

LIVRES RARES ET PRÉCIEUX

THÉOLOGIE

1. Biblia sacra, latine, cum præfatione beati Hieronymi. *10*
Venetiis, *J. Herbort de Siligenstadt*, 1483, in-fol. goth.
à 2 col., initiales en or et en couleurs, non rel. (En
mauvais état.)

2. Liber psalmorum additis canticis cum notis J.-B. Bossuet. *Lugduni, extat Parisiis, apud J. Anisson*, 1691,
in-8, front. v.

Edition originale.

3. Icones biblicæ Veteris et Novi Testamenti, proprio
aere æri incisæ et venales expositæ a Melchiore Kysel.
Augustæ Vind., 1679, 2 vol. in-4, veau.

4. L'Histoire du Vieux et du Nouveau Testament, avec
des explications et des figures, par de Royaumont
(Nic. Fontaine et le Maistre de Sacy). *Suivant la copie
imprimée à Paris, chez P. le Petit (Bruxelles, Fr.
Foppens)*, 1680, in-12, marq. rouge tr. dor. (Lortic.)

Première édition de ce format. Exemplaire sur papier fort, très-
grand de marges, 150 millim. de hauteur sur 113 de largeur.

5. Le Nouveau Testament de Nostre-Seigneur Jésus-
Christ, traduit en François selon l'édition Vulgate.
Mons, Gaspard Migeot, 1668, in-12, maroq. rouge
tr. dor. (Hardy.)

Très-bel exemplaire sur grand papier, d'une hauteur de **165** millim. sur une largeur de 99 millim.

6. Le Nouveau Testament de N.-Seigneur Jésus-Christ,

traduit en François selon l'édition Vulgate. *Mons, G. Migeot*, 1668, 2 tomes en 1 vol. in-12, veau.

7. Vies de Saincte Anne et de Sainct Joseph, l'une mère et l'autre l'espoux de la sacrée Vierge Marie. Et de la feste de l'Archange Gabriel. *Ath., chez J. Maes*, 1617. Pet. in-8, goth., fig. s. bois, cart.

8. Sanctus Thomas de Aquino, super quartum librum magistri sententiarum. *Venetiis, Octav. Scotus*, 1497, in-fol. goth. à 2 col., 258 ff., sans la table, cart.

9. Livre d'Heures, en flamand, in-8, goth., veau fil.

Manuscrit sur vélin, du xve siècle, avec **2** grandes miniatures (la Ste Vierge et le Christ à la croix), bordures et initiales en or et couleurs.

10. Heures nouvelles tirées de la Sainte Ecriture, écrites et gravées par L. Senault. *Paris, s. d.*, in-8, fig., mar. ol. à comp. de mar. r. tr. dor. (Anc. rel.)

11. Explication de quelques difficultez sur les prières de la messe, à un nouveau catholique, par J.-B. Bossuet. *Paris, Mabre-Cramoisy*, 1689, pet. in-12, v.

Edition originale.

12. Traité de la Communion sous les deux espèces, par J.-B. Bossuet. *Jouxte la copie imprimée à Paris, Bruxelles, Fricx*, 1682, pet. in-12, bas.

13. Traité de la Communion sous les deux espèces, par J.-B. Bossuet. — Lettre pastorale de l'Evesque de Meaux aux nouveaux catholiques de son diocèse. *Paris, Delusseux*, 172, 2 vol. en un in-12, v.

14. Instruction sur les estats d'oraison, où sont exposées les erreurs des faux mystiques de nos jours, par J.-B. Bossuet. *Paris, J. Anisson*, 1697, in-8, v.

Edition originale.

15. Relation sur le Quiétisme, par J.-B. Bossuet. *Paris, J. Anisson*, 1698. — Remarques sur la réponse de l'Archev. de Cambray à la relation sur le Quiétisme. *Ibid., id.* — Réponse aux préjugez décisifs pour l'Archev. de Cambray. *Paris, J. Anisson*, 1699. — Quæstiuncula de actibus a caritate imperatis, par J.-B. Bossuet, 4 vol. en un in-8, v.

Editions originales.

16. Divers écrits ou Mémoires sur le livre intitulé : Explication des maximes des Saints, etc. Sommaire de la doctrine de ce livre, en latin et en françois. Déclaration des sentiments des trois Evesques, aussi en latin et en françois, etc., par J.-B. Bossuet. *Paris, J. Anisson*, 1698, in-8, bas.

Edition originale.

17. Formulaire des prières, oraisons et instructions chrestiennes et catholiques, etc. *Troyes, Briden, s. d.*, pet. in-8, cart.

18. Formulaire des prières, oraisons et instructions chrestiennes et catholiques, etc. *Ath., chez J. Maes*, 1617, pet. in-8, goth. cart.

19. Petite instruction et manière de bien vivre pour une femme séculière, comme elle se doibt conduire en pensées, paroles, œuvres, tout au long du jour, etc. *Douay, Bogard*, 1618, pet. in-8, goth. cart.

20. Les emblèmes d'amour divin et humain ensemble, expliquez par des vers françois, par un Père Capucin. *Paris, P. Mariette, s. d.*, in-4, veau.

118 jolies gravures par Messager. Exemplaire sur grand papier.

21. Hortulus animæ. Lustgarten de Seelen : Mit schœnen lieblichen Figuren. *Wittemberg, G. Rhaw*, 1548, in-4, vél. tr. dor.

Avec les célèbres figures de Lucas Cranach. Celle du feuillet G. 1 représente la guillotine. Très-rare.

22. Speculum humanæ vitæ... autore Rodorico Zamorensi. Parisiis, G. du Pré, 1542, in-16, mar. br., tr. dor.

Riche reliure à compartiments à la Grolier, exécutée par M. Capé et dorée par Marius-Michel.

23. Traité du divorce par l'adultère, sçavoir, s'il est permis à l'homme ou à la femme, en ce cas, de se remarier. *Paris, N. Roussel*, 1629, pet. in-8, d. rel.

24. S. Prosperi adversus inimicos gratiæ Dei libellus. Moguntiæ, J. Schœffer, 1524, in-4, cart.

Contient à la fin l'avis de J. Schœffer sur les inventeurs de l'imprimerie.

31 25. Traicté de l'Eglise, auquel sont disputées les prin-
cipalles questions qui ont esté meues sur ce point en
nostre temps, par Philippes de Mornay. *Londres, Th.
Vautrollier*, 1578, pet. in-8, 282 pages sans les limi-
naires, vél.

21 26. De l'Institution, usage et doctrine du saint sacrement
de l'Eucharistie en l'Eglise ancienne. Ensemble quand.
comment, et par quels degrez la messe s'est intro-
duicte en sa place, par Ph. de Mornay. *Saumur, Th.
Portau*, 1604, in-fol., vél. cordé.

1 27. L'Anti-Barbare, ou du langage incogneu tant ès
prières des particuliers qu'au service public, où aussi
sont représentées les clauses principales de la Messe,
qui scandaliseroyent le peuple s'il les entendoit, par
Pierre du Moulin. *Genève, Aubert*, 1631, pet. in-8,
veau.

5 28. Exposition de la doctrine de l'Eglise catholique sur
les matières de controverse, par J.-B. Bossuet. *Suivant la copie imprimée à Paris, chez Cramoisy*, 1680.
— Réponse au livre de M. de Condom, intitulé :
Exposition, etc., par M. de Brueys. *Amsterdam, Wolf-
gank*, 1682. — Examen des raisons qui ont donné lieu
à la séparation des protestants... par Brueys. *La Haye,
H. van Bulderen*, 1683. — Le Prosélyte abusé, ou
fausses vuës de M. Brueys dans l'Examen de la séparation des Protestants. *Rotterdam, Leers*, 1684, 4 vol.
en un pet. in-12, vél.

21 29. Histoire des Variations des Eglises protestantes, par
J.-B. Bossuet. *Paris, chez la Vᵉ de Seb. Marbe-Cramoisy*,
1688, 2 vol. in-4, vignettes, v.
Edition originale.

10 30. Conférence avec M. Claude, ministre de Charenton,
sur la matière de l'Eglise, par J.-B. Bossuet. *Sur la
copie imprimée à Paris, chez Mabre-Cramoisy*, 1683,
pet. in-12, cart. non rogn.

5 · 2 31. Conférence avec M. Claude, ministre de Charenton,
sur la matière de l'Eglise, par J.-B. Bossuet. *Paris,
Cramoisy*, 1687, in-12, v (Seconde édition.)

5 · 2 32. Le Pasteur évangélique, ou Essais sur l'excellence

et la nature du saint ministère, par P. Roques. *Basle*,
Kœnig, 1723, in-4, bas.

* * *

PHILOSOPHIE

33. Le Sympose de Platon, ou de l'amour et de la beauté,
traduit... par Loys le Roy dit Regius. *Paris, Vincent
Sertenas*, 1559, in-4, réglé veau ant. à comp. tr. dor.
(Belle reliure orig.)

On trouve à la fin : plusieurs passages des meilleurs poëtes grecs
et latins, citez aux commentaires du Sympose de Platon, mis en
françois par J. du Bellay, Angevin.

34. Aristotelis de natura aut rerum principiis libri VIII,
J. Perionio interprete. *Duaci, Joa. Bogardus*, 1576,
in-4, veau brun. (Rel. orig.)

Volume curieux à cause de sa reliure, qui porte sur les plats la
marque de J. Bogard, avec la devise : *cor rectum inovirit scientiam.*
Dans le même volume, on trouve six autres traités d'Aristote, imprimés par Bogard en **1575**. Notes mss.

35. Les Politiques d'Aristote, trad. de grec et françois,
par Loys le Roy dict Regius. *Paris, M. de Vascosan*, 1568. — Enseignements d'Isocrates et Xénophon
pour bien régner en paix et en guerre, trad. par Loys
le Roy. *Paris, Vascosan*, 1568, 2 vol. en un in-4,
vél. tr. dor.

Ex libris J. F. Gambaldi, medici pedemontani. Quelques **notes**
mss. (en fr.) de la main de ce savant.

36. Les Problesmes d'Alexandre Aphrodisé.... soixante
autres problèmes de mesme matière, médecine et
philosophie, par M. Heret. *Paris, G. Guillard*, 1555,
pet. in-8, réglé, mar. vert à comp. tr. dor. (Rel. orig.)

37. Marci Tullii Ciceronis Epistolæ ad familiares. *Venetiis, Aldus*, 1502, pet. in-8, mar. r., ancre aldine sur
les plats, tr. dor. (Capé.)

Très-rare. Bel exemplaire, 500 fr. Mac-Carthy, 15 livr. sterl. 5
sh. Heber.

38. Ciceronis Epistolarum ad Atticum, ad Brutum, ad
Quintum fratrem libri XX. *Venetiis, in œdibus Aldi et*

Andreœ soceri, 1513, pet. in-8, mar. r., ancre aldine
sur les plats, tr. dor. (Lortic.)

Bel exemplaire.

39. In hoc volumine hæc continentur : Rhetoricorum ad
Herennium, lib. III. M. T. Ciceronis de inventione
lib. II, etc. *Venetiis, in œdibus Aldi et Andreœ soceri,*
1521, pet. in-4, mar. rouge à comp.

Reliure originale. On lit sur l'un des plats : M. T. CIC.; sur
l'autre, RHETOR.

Notes mss. de l'époque.

40. Traité de l'action de l'orateur ou de la prononcia-
tion et du geste, par Conrart. *Jouxte la copie à Paris,
Cramoisy*, 1686, pet. in-12, front. dem. rel. v. f. tête
dor. non rogn.

41. Le Courtisan de Messire Balthazar de Castillon. *Paris, J. Ruelle le Jeune*, 1569, in-16, vél. fil. tr. dor.

42. Le Bréviaire des courtisans enrichy d'un grand
nombre de figures, par le sieur de La Serre. *Paris,
Bouillerot*, 1642, pet. in-8, fig., vél.

43. De la Sagesse, trois livres, par P. Charron. *Amsterdam, L. et D. Elzevir*, 1662, pet. in-12, veau.

44. Idée d'une République heureuse ou l'Utopie de Thomas Morus. Trad. en françois, par Gueudeville. *Amsterdam, L'Honoré*, 1730, in-12, fig. v. f. (Anc. rel.)

45. Apologie de la paix, représentant tant les proffîcts
et commodités que la paix nous produit que les mal-
heurs, confusions et désordres qui naissent durant la
guerre. *Paris, J. Richer*, 1585, pet. in-8, d. rel. mar.
vert.

46. Arrest de la court de parlement, ensemble la censure de la Sorbone, contre le livre de J. Mariana, intitulé *De regis et rege institutione*, par Coton. *L. S.*,
1610, pet. in-8, cart.

47. Trois traitez de la philosophie naturelle non encore
imprimez, sçavoir le secret livre d'Artephius, traitant
de l'art occulte et transmutation métallique; les figures hiéroglyphiques de N. Flamel; le vray livre de
Synesinus; trad. par P. Arnauld, sieur de la Chevallerie,
Poitevin. *Paris, G. Mariette*, 1612, in-4, fig. sur bois,
demi-reliure.

48. La Chyromantie naturelle de Ronphyle. *Paris*,
P. *le Monnier*, 1671, pet. in-8, fig. vél.

CHASSE — ÉQUITATION

49. Eloge historique de la Chasse, par Beneton de Per-
rin. *Paris*, *Morel*, 1734, in-12, br. rogné.

Rare. Exempl. Veinant.

50. Traité des chasses (de l'Encyclopédie, in-fol. *Paris*,
1763), 31 pp. de texte et 23 pl. in-fol., cart.

51. Dictionnaire de toutes les Espèces de Chasse. (Encyclopédie méthodique.) *Paris*, *Agasse*, l'an III, in-4,
cart., non r. — Atlas de 32 pl. gr. in-4, cart., non r.

52. Traité de la Chasse, de Xénophon, traduit en françois par J.-B. Gail. *Paris*, an IX, in-18, 1 fig., cart.,
non rog.

Exempl. pap. vélin.

53. Les quatre Livres de la Vénerie d'Oppian, poëte grec
d'Anazarbe, par Fl. Chrestien. *Paris*, *Mamert-Patis-
son*, 1575, in-4, réglé, mar. bl. fil., comp., dentelles,
tr. dor.

Bon exemplaire d'un livre rare, provenant de la bibl. Audenet.

54. La Chasse, poëme d'Oppien, traduit en françois par
Belin de Ballu, etc., suivi d'un Extrait de la grande
Histoire des animaux d'Eldémiri. *Strasbourg*, *librairie
académ.*, 1787, in-8, cart. non r.

La meilleure traduction.

55. La Chasse du Cerf, en rime françoise. *Paris*, 1840,
in-8, pap. de Holl., br.

Publié par le baron J. Pichon, et tiré à 50 exempl. — N° 39.

56. Les Poésies de Guil. Crétin. *Paris*, *Coustelier*, 1723,
pet. in-8, v. fauve.

Page **72**, Débat entre deux dames sur le passe-temps des chiens
et oyseaux.

57. Le premier livre des Poëmes de Jean Passerat. *Paris*, *veuve Mam.-Patisson*, 1602, pet. in-8, v. fau. fil.

Poëme du chien courant, la chasse du sanglier, etc.

58. Les Dons des enfans de Latone : la musique et la chasse du cerf... (par de Serré de Rieux). *Paris*, *Prault*, 1734, in-8, 8 pl. Tons de chasse et fanfares. Cart., non rogné.

Rare en pareil état.

59. La Chassomanie, poëme par Deyeux, etc. *Paris*, 1844, in-8, 16 pl., rel. percal. Dos et plats ornés, tr. dor.

Exempl. avec les 16 lithog. par de Dreux, Beaume, Forest. (Edition épuisée.)

60. La Caccia dell' ill. sig. Erasmo di Valvasone, ricorretta et di molte stanze ampliata, con le annotationi di M. Olimpo Marcucci. *Venetia, Bolzetta* (1602), pet. in-8, cart.

61. — Le même livre, même édition. Bel exempl., mais incomplet de la sign. G.

62. Le Livre de la Chasse du grand Seneschal de Normandye et les Ditz du bon Chien Souillard, etc. Publié par le baron J. Pichon. *Paris*, 1858, in-8, perc. non r.

63. La Caccia di Giac. di Foglioso... Tradotta di lingua francese da Cesare Parona. *In Milano, Ant. Comi*, 1615, pet. in-8, vél.

Exempl. avec témoins.

64. Notice généalogique, biographique et littéraire sur J. du Fouilloux... suivie de la Bibliographie raisonnée de son livre, et accompagnée de Notes sur les écrivains théreutiques du Poitou, etc. (par Pressac). *Paris*, 1852, gr. in-8, 2 pl., cart., non rogné.

Tiré à 75 exempl. — Celui-ci porte le n° 57.

65. Nouveau Traité de Vénerie, contenant la chasse du cerf, celles du chevreuil, du sanglier, du loup, du lièvre et du renard. Avec la connaissance des chevaux... la manière de dresser les chiens couchants... Un Traité de la pipée, de la fauconnerie, etc. (par Gaffet de la Briffardière, et publié par de Chappeville). *Paris, Mesnier*, 1742, pet. in-8, 15 pl. et 14 pp. de mus., mar. r. tr. dor. (Petit.)

Edit. originale, rare. — Bon exempl.

66. Recueil des Lieux où l'on a accoustumé mettre les relais pour faire la chasse au cerf, par J. de Chauffourt. *Rouen, David du Petit-Val*, 1642, pet. in-8, vél.

Joli exempl. d'un opuscule rare. Edition inconnue à Brunet. (V. nouveau Manuel.)

67. Le parfait Chasseur, Traité général de toutes les chasses, avec un appendice des meilleurs remèdes pour la guérison des accidents et des maladies des chevaux de chasse et des chiens courants, etc., par A. Desgraviers. *Paris*, 1810, in-8, 12 pl., fanfares, demi-rel.

Exempl. sur pap. vélin.

68. Essai de vénerie, ou l'Art du valet de limier, troisième édition, par M. Leconte-Desgraviers. *Paris*, 1810, in-8, d. rel. mar., non rog., tête dor.

69. Traicté et abrégé de la chasse du lièvre et du chevreuil... par messire R. de Maricourt. *Paris*, 1858, in-8, vign., br.

70. Delle Caccie di Eug. Raimondi. Libri quattro. Aggiuntovi'n questa nuova'mpressione altre Caccie che sperse in altri libri andavano. (*Venetia*, 1858.) In-4, fig. en taille-douce, demi-rel.

L'édition de 1630 ne contient pas le livre Della Villa; mais le Traité de chasse est plus ample que dans les édit. précédentes. Quelques-unes des gravures ne se voient que dans cette édition.— Quelques taches.

71. Nouveau Manuel du veneur, contenant les tons et les fanfares, etc., par Tellier. *Paris, s. an.*, pet. in-fol. obl. br., 1 pl.

72. Traité de vénerie et de chasses, sçavoir : du cerf, du daim, du chevreuil, etc. 1re partie. — Au fusil, aux piéges et filets, etc. Fauconnerie... 2e partie. (Par Goury de Champgrand.) *Paris, Hérissant*, 1769, 2 part. en un vol. in-4, 39 pl., dos et coins de veau porph.

Très-bel exempl. avec planches en bonnes épreuves.

73. La Chasse au loup, nécessaire à la maison rustique, par Jean de Clamorgan. (*Paris*), *par Gabriel Cartier*, 1584, in-4, fig. sur bois, maroq. cramoisi, tr. dor. (Lortic.)

Bel exemplaire.

74. La Chasse au loup, par Jean de Clamorgan. *Paris,*
1698, in-4, fig., mar. rouge, tr. dor. (Lortic.)

Très-bel exemplaire de M. Huzard.

75. Méthodes et Projets pour parvenir à la destruction
des loups... par de Lisle de Moncel, etc. *Paris, impr.
roy.*, 1768, in-12, cart. non rogn.

76. Méthodes sûres et faciles pour détruire les animaux
nuisibles, tels que : les loups, les renards, etc. (Par
Buc'hoz.) *Paris, La Porte,* 1782, in-12, cart. non r.

77. Moyen à employer pour la destruction générale des
loups en Europe, etc., par M. de Maillet. Paris, 1810,
in-8, cart., non r.

78. La Chasse à la haie, par Peigné-Delacourt. *Paris,
Bouchard-Huzard,* 1858, gr. in-4, fig., cart. non rog.

Exempl. avec la planche chromo-lithographique.

79. La Chasse au fusil, par Magné de Marolles. *Paris,
imp. de Monsieur*, 1788, in-8, fig., bas.

80. — Le même livre. *Paris,* 1788-91, in-8, fig., veau
dent.

Exemplaire avec tous ses suppléments.

81. Amusemens de la campagne, ou nouvelles Ruses
innocentes qui enseignent la manière de prendre aux
piéges toutes sortes d'oiseaux et de bêtes à quatre
pieds, etc. ; le tout divisé en cinq livres ; par le sieur
L. Liger. *Paris, Saugrain,* 1753, 2 vol. in-12, fig. sur
bois, v. éc.

Dernière édit. et la plus ample.

82. Dictionnaire théorique et pratique de chasse et de
pêche, par de Lisle de Sales. *Paris, Musier,* 1769,
pet. in-8, 2 vol. v. mar.

Exempl. avant les cartons du *tome II*, où des suppressions ont
été faites par ordre de la censure, p. 65 et 154.

83. Code la Chasse. Manuel complet du chasseur, par
H. Raisson, suivi du Code de la Pêche. 2e édit. *Paris,*
1830, in-18, 1 fig. dem. rel. non r.

84. Almanach du Chasseur, par de Champgrand. *Paris,
Pissot,* 1773, in-12, titre gravé, cart. non r.

85. L'Art de toute sorte de chasse et de pêche ; avec

celui de guérir les chevaux, les chiens et les oiseaux, etc. *Lyon, Boudet,* 1719, 2 vol. in-12, bas.

Edition originale.

86. Les Ruses du braconnage, mises à découvert, ou
Mémoires et instructions sur la chasse et le braconnage, par L. Labruyerre. *Paris, Lottin,* 1771, in-12, v.

Bon exempl. de l'édit. originale.

87. Histoire d'un braconnier, ou Mémoires de la vie de
Labruyerre. *Paris,* 1844, in-8, broch.

Tiré à 124 exempl., par les soins de M. J. Pichon.

88. Saint Hubert, apôtre des Ardennes, patron des
chasseurs, par Saint-Prioux. *Paris,* 1853, in-18, broch.

89. Playsir de chasse et Déduyt. *Metz,* 1861, in-4, br.

Tiré à 60 exemplaires.

90. Reliqua Librorum Frederici II. Imperatoris de arte
venandi cum avibus. Cum Manfredi regis additionibus. Accedunt Alberti Magni capita de falconibus, ac-
cipitribus et asturibus, quibus annotationes addidit
suas J. G. Schneider. Tomus I. *Lipsiæ,* 1788. — Com-
mentarii, etc. Auctor Schneider. Tomus II. *Lipsiæ,*
1789. 2 tomes en un vol. in-4, cart., 6 pl.

Bon exempl. de la meilleure édition.

91. Kurtzer und einfæltiger Bericht vom Vogelstellen,
von J. C. Aitsinger. (La Manière d'attraper les oiseaux.)
Cassel, Schadewitz, 1653, in-4, fig., vél.

92. Ammæstramenti per allevare, pascere et curare gli
uccelli. Opera novamente composta, per Cesare Man-
zini Romano. *In Brescia, per P. M. Marchetti,* 1607,
in-12, fig. sur bois, cart.

93. Traité de l'origine des Macreuses, par feu M. de
Graindorge, etc. (2e édit.) *Paris, Saugrain,* 1780,
in-12, cart. non r.

94. I tre Libri de gli Uccelli da Rapina di Fr. Sforzino
da Carcano... Con Trattato de Cani da Caccia. *In Vi-
cenza, Megietti,* 1622, pet. in-8 vél.

95. Venationes ferarum, avium, piscium, pugnæ bestia-
riorum et mutuæ bestiarum, depictæ a Joanne Stra-
dano, editæ a Joanne Gallæo, carmine illustratæ a

C. Kiliano Dufflæo. *Antverpiæ, Ph. Gallæus, s. d.*, in-f.
obl., veau f. fil. tr. dor. (Anc. rel.)

Bel exempl. complet. 104 pl. et frontispice.

96. Della naturaleza del Cavallo : En que estan recopiladas todas sus grandezas, etc. Compuesto por Pedro Fernandez de Andrada. *En Sevilla, F. Diaz*, 1580, in-4 non rel.

97. Cavallo frenato di Pirro Ant. Ferraro. *Napoli, Ant. Pace*, 1602, in-fol, fig. sur bois, vél.

98. Trattato d'ell' imbrigliare, maneggiare et ferrare cavalli... di Ces. Fiaschi. *Bologna, A. Giaccarelli*, 1556, in-4, fig. sur bois, vél.

99. Hippocomice. Kunstlicher Bericht des F. Grisonis, wie die streitbaren Pferdt zum Ernst und Ritterlicher Kurtzweil geschickt und vollkommen zu machen. *Augsburg, Mang*, 1608, in-fol., fig. sur bois d'après J. Amman, cart.

BEAUX-ARTS. — LIVRES A FIGURES

100. Réflexions critiques sur la poésie et sur la peinture. *Paris, J. Mariette*, 1719, 2 vol. in-12, v. f., tr. dor. (Anc. rel.)

La reliure porte sur le dos un dauphin et une fleur de lys couronnés. — Exempl. sur grand papier.

101. La vie des peintres flamands, allemands et hollandais, par J.-B. Descamps. *Paris*, 1753-64.—Voyage pittoresque de la Flandre et du Brabant, par le même. *Paris*, 1769, 5 vol. in-8, v. marbr.

Très-beau d'épreuves ; le 4e volume est de reliure moderne.

102. Abrégé de la vie des plus fameux peintres, avec leurs portraits gravés en taille-douce (par d'Argenville). *Paris*, 1745-53, 3 vol. in-4, fig., v. marbr.

103. Académie des Sciences et des Arts, par Isaac Bullart. *Brusselle, Foppens*, 1695, 2 vol. en un in-fol. mar. rouge, tr. dor.

Livre précieux à cause des **274** portraits qu'il contient. On y trouve **86** portraits d'artistes.

104. Idée générale d'une collection complète d'Estampes, avec une dissertation sur l'origine de la gravure et sur les premiers livres d'images. (Par C.-H. de Heineken.) *Leipsic et Vienne*, 1774, in-8, fig., demi-rel. (Rare.)

105. Manuel des curieux et des amateurs de l'art, par Huber et C.-H. Rost ; école allemande, 2 vol. ; école italienne, 2 vol ; école des Pays-Bas, 1 vol. *Zurich*, 1797-1804, 5 vol. in-8, demi-rel.

106. Picturæ Dominici Zampierii vulgo Domenichino quæ extant in sacello sacræ ædi Cryptoferratensi adjuncto, nunc primum tabulis æneis incisæ. *Romæ*, 1762, gr. in-fol., 28 planches grav. par Bartolozzi, Pazzi et autres, cart.

107. Arts et métiers des anciens, représentés par les monuments, par Grivaud de Vincelle. *Paris*, 1819, gr. in-fol., fig., demi-rel., non rogn.

Supplément de Montfaucon.

108. Ars memorandi. Rationarium evangelistarum omnia in se evangelia prosa, versu imaginibusque quam mirifice complectens. (*Phorcæ*.) *Thomas Anshelmus Badensis*, 1510, pet. in-4, fig. en bois, mar. r. reglé, non rogn. (Duru.)

Ce livre singulier et rare est une copie de l'*Ars memorandi*. Il contient les mêmes figures grotesques, mais beaucoup mieux gravées.

109. Diversarum gentium armatura equestris, ubi fere Europæ, Asiæ atque Africæ equitandi ratio propria expressa est ; Abraham Bruynius exc. (Coloniæ, circa 1580), in-fol. obl., cart.

56 belles planches de costumes, grav. en taille-douce. Elles sont tirées du format in-4 et collées deux à deux sur du papier blanc.

109 *bis*. Portraits des Hongrois, des Pandoures ou Croates, des Waradins ou Esclavoniens, et des Ulans, etc., qui sont au service de LL. MM. la reine de Hongrie et le roi de Prusse. *La Haye*, 1742, in-fol., fig., broch. rogn.

110. Augustissimorum imperatorum, serenissimorum regum atque archiducum, illustrissimorum principum, necnon comitum, baronum... verissimæ imagines...

auct. J. Schrenckio. OEniponti, 1601, très-**gr.** in-fol.,
117 planches, veau ant. tr. dor. (Rel. orig.)

Beaux portraits, encadrés de bordures variées, grav. par Custodis
sur les dessins de Fontana.

111. Imagines acierum et præliorum Veteris Testamenti.
Romæ, Nicol. van Ælst, 1613, 24 planches et front.
— Septem orbis admiranda. *Antverpiæ, F. van den
Wyngærde*, 1608, 7 pl. et front., 1 vol in-fol. obl., d.
rel. vél.

Belles gravures à l'eau-forte, d'après Tempesta. Exemplaire à
toutes marges.

112. Collection de planches historiques, gravées sur cui-
vre par Hoghenberg, avec texte en allemand ; in-fol.
obl., demi-rel.

Recueil des plus précieux, composé de **225** pièces, lesquelles
représentent les événements les plus remarquables arrivés en
France, aux Pays-Bas, en Allemagne, etc., dans les troubles de
religion du xvɪᵉ siècle. On y trouve la copie du *premier volume*
(Brunet III, 831) ; la représentation des principales batailles sous
Henri IV, etc., etc.

PHILOLOGIE

113. Inscriptions in the cuneiform character from assy-
rian monuments discovered, by A. H. Layard. London,
1851, gr. in-fol., 97 planches, cart.

114. Constantini Lascaris erotemata, de literis græcis ac
diphthongis ; abbreviationes græcæ ; oratio dominica et
duplex salutatio Beatæ Virginis, symbolum Apostolo-
rum ; evangelium Joannis, carmina Pythagoræ ; Pho-
cilides moralia, gr. et lat. *Venetiis, Aldus*, 1494-95,
in-4 mar. r. tr. dor.

Premier livre sorti des presses des Aldes, très-rare. Exemplaire
qui contient les deux feuillets rares.

115. J. F. Hirtii institutiones linguæ arabicæ, cum
chrestomathia arabica. *Ienæ*, 1770, in-8, demi-rel.,
dos de toile.

116. Nouvelle méthode pour apprendre à lire, à écrire
et à parler une langue en six mois, appliquée à l'allemand, par Ollendorff. *Paris*, 1856-57, 2 vol. in-8 br.

117. A critical pronouncing dictionary and expositor of the english language, by John Walker. *Philadelphia,* 1850, gr. in-8, portr., v.

POÉSIE

118. Hippocrate dépaisé, ou la version paraphrasée de ses Aphorismes, en vers françois, par M. L. de F., doct. eu méd. dans P. *Paris, E. Pepingué,* 1654, in-4, parch.

119. Quintus Horatius Flaccus. *Birminghamiæ, J. Baskerville,* 1762, pet. in-12, front., mar. rouge fil. tr. dor. (Anc. rel.)

120. P. Virgilius Maro Pauli Manutii adnotationibus illustratus. *Venetiis, apud Paulum Manutium,* 1558, in-8, mar. r. dent. tr. dor. (Anc. rel.)

Titre raccommodé.

121. Les Métamorphoses d'Ovide, traduites en vers françois par T. Corneille. *Paris, G. Quinet,* 1669, in-12, frontisp., vél.

Bel exemplaire de l'édition originale, qui ne contient que deux livres.

121 *bis.* Les Métamorphoses d'Ovide, mises en vers françois par T. Corneille. *Liége, J.-F. Broncart,* 1698, 3 vol. in-12, fig. à mi-page, cart.

122. Les Métamorphoses d'Ovide, traduction nouvelle avec le texte latin, par G.-T. Villenave; ornée de gravures d'après les dessins de Lebarbier, Monsiau et Moreau. *Paris, Didot,* 1806-07, 4 vol. in-8, dem. rel. v. fauve.

123. Martialis. *Venetiis, in œdibus Aldi,* 1501, pet. in-8, veau bl. à comp. tr. dor.

Curieuse reliure ancienne, parsemée de soleils en or. — Première édition des Aldes, rare.

124. S'ensuit la vie de madame Saincte Marguerite. *S. L.* (vers 1550), pet. in-8, de 8 ff., cart.

125. Les œuvres de Clément Marot, plus amples et en

meilleur ordre que paravant. *Paris, Nic. du Chemin,* 1545, in-16, réglé, mar. brun tr. dor. (Lortic.)

126. Le Monophile, par Estienne Pasquier. *Paris, Charles l'Angelier,* 1555, pet. in-8, cart.

En prose et en vers.

127. Les œuvres de Pierre Ronsard. *Paris, Barth. Macé.* 1609, in-fol., frontisp., cart.

Exempl. complet, mais en mauvais état.

128. Remonstrance au peuple de France, par P. de Ronsard. *Paris, G. Buon,* 1563, in-4, cart. (Edition originale.)

Bel exemplaire.

129. Les Regrets et autres œuvres de Joachim du Bellay, Angevin. *Paris, Fréd. Morel,* 1559, pet. in-4, cart.

4 ff. prél. et 46 ff. chiffr.

130. Le premier livre des antiquitez de Rome, par Joach. du Bellay. Plus un songe ou vision sur le mesme subject du mesme autheur. *Paris, Morel,* 1558, pet. in-4, cart.

13 ff. chiffr. et un f. non chiffr.

131. Divers jeux rustiques et autres œuvres poétiques de Joachim du Bellay. *Paris, Morel,* 1560, pet. in-4, cart.

76 ff. non chiffr. sign. A.-T.

132. Discours au roy sur la Trefve de l'an M.D.LV, par J. du Bellay. *Paris, Morel,* 1559, pet. in-4, cart.

6 ff. non chiffr.

133. Hymne au roy sur la prinse de Calais, par Joach. du Bellay. Avec quelques autres œuvres du mesme autheur sur le mesme subject. *Paris, Morel,* 1559, pet. in-4, cart.

6 ff. non chiffr.

134. Entreprise du roy-dauphin pour le tournoy, soubs le nom des chevaliers aventureux. A la royne et aux dames, par J. du Bellay. *Paris, Morel,* 1559, pet. in-4, cart.

14 ff. non chiffr.

135. Epithalame sur le mariage du prince Philibert

Emanuel, duc de Savoye et tresillustre Marguerite
de France, sœur du roy, par Joach. du Bellay. *Paris,
Morel,* 1559, pet. in-4, cart.

14 ff. non chiffr.

136. Tumulus Henrici II Gallorum regis per Joach, Bellaium (en latin et français). *Paris, Morel,* 1559, **pet.
in-4, cart.**

14 ff. non chiffr.

137. Deux livres de l'Enéide de Virgile, le quatrième et
sixième, traduits en françois par J. du Bellay. Avec
la complainte de Didon à Enée, la mort de Palinure et
l'adieu aux muses. *Paris, Morel,* 1561, pet. in-4, cart.

64 ff. chiffr.

138. La monomachie de David et de Goliath ensemble,
plusieurs autres œuvres poétiques de Joach. du Bellay. *Paris, Morel,* 1560, pet. in-4, cart.

50 ff. chiffr. et 2 non chiffr.

139. La défense et illustration de la langue françoise,
avec l'Olive de nouveau augmentée. La Musagnocomachie. L'Anterotique de la vieille et de la jeune amie.
Vers lyriques, etc. Le tout par Joach. du Bellay.
Paris, Morel, 1561, 2 vol. en un, pet. in-4, cart.

Le prem. vol. signat. A.-K. cont. **38** ff. chiffr. et **2** ff non chiffr.
Le second vol. **76** ff. non chiffr. signat. A.-R.

140. Recueil de poesie presente a tresillustre princesse
madame Marguerite, sœur unique du roy, et mis en
lumière par le commandement de ma dicte dame, par
J. D. B. A. *Paris, Morel,* 1561, pet. in-4, cart.

38 ff. chiffr. et **2** ff. non chiffr.

141. Ode sur la naissance du petit duc de Beaumont, fils
de Monseign. de Vendosme, roy de Navarre, par
J. D. B. A. Ensemble certains sonnets du mesme autheur à la royne de Navarre, auxquels ladicte dame
fait elle mesme response. *Paris, Morel,* 1561, pet.
in-4, cart.

14 ff. non chiff.

N. B. Toutes ces pièces (n° 128 à 141) sont d'une parfaite conservation et grandes de marges. Elles proviennent de la vente du président Ménar. 2377 et 2378

142. La Vie, Faictz, Passion, Mort, Resurrection, et

Ascension de Nostre-Seigneur Jésus-Christ , selon les quattre sainctz Evangelistes, etc., par M. Foucqué, Prêtre de Sainct-Martin, à Tours. *Paris, Jehan Bienné,* 1574, pet. in-8, demi-rel., dos et coins vélin. tr. dor.

143. Les premiers œuvres poétiques de Flaminio de Birague. *Paris, Thomas Périer,* 1585, in-12, 2 portraits, vélin.

144. Les bains de Fewer, vulgairement Feffers, en Suisse. Imitation d'un poëme latin et description d'iceux. A. Madame de Castille, par M. Lescarbot. *S. L. (Genéve), Jean de Tournes,* 1609, pet. in-4, front., grav., non rogn. ni coupé.

Plaquette de 4 ff. extrêmement rare.

145. Les amours de Caristée, par le sieur de la Rocque, de Clermont en Beauvoisin. *Rouen, R. du Petit-Val,* 1595, in-12, cart.

Edition originale.

146. Les œuvres de Philippes des Portes. *Lyon, B. Rigaud,* 1599, in-12, mar. brun, tr. dor. (Lortic.)

147. Les Vaux-de-Vire d'Olivier Basselin et de Jean le Houx, poëtes virois... publ. par Jean Travers. *Paris,* 1833, in-18, demi-rel. mar. r. non rogn. tête dor.

148. Le miroir de l'amour divin, par P. de Croix, seigneur de Trietre, gentilhomme lillois. *Douay, B. Bellere,* 1608, in-12, cart. (Rare.)

149. Les vrayes centuries de Maistre Michel Nostradamus. *Jouxte la copie à Paris,* 1668, pet. in-12, front. et portr., vél.

150. Les poésies de M. de Malherbe, avec les observations de M. Ménage. *Paris, Th. Jolli,* 1666, in-8, veau.

151. Le Parnasse satyrique du sieur Théophile. *S. L.,* 1677, pet. in-12, 320 pages, bas.

152. Le Parnasse Satyrique du sieur Théophile. *S. L.,* 1672, pet. in-12, 320 pages, bas.

153. Requeste de Théophile à Nosseigneurs de Parlement. *S. L.,* 1624, pet. in-8, 13 pages, broch.

154. La Pénitence de Théophile. *S. L.,* 1624, pet. in-8, 12 pages, broch. rogn.

Edition originale.

155. Les Sentiments universels de **M.** Pierre Forget, sieur de Beauvais. *Paris, A de Sommaville*, 1646, in-12, veau.

156. Recueil des énigmes de ce temps. *Paris, Nic. le Gras*, 1687, in-12, veau.

156 *bis*. L'Escole des Muses, dans laquelle sont enseignées toutes les règles qui concernent la poésie françoise, recueillies par le sieur C. (Colletet.) *Paris, Mille de Beaujeu*, 1670, in-12, veau.

157. Fables choisies, mises en vers par M. de La Fontaine. *Suivant la copie imprimée à Paris, à Anvers, chez H. van Dunewalt*, 1688, 4 part. en 1 vol. pet. in-8, fig. à mi-page, par Cause, veau.

158. Fables de La Fontaine, avec les notes de Coste. *Paris*, 1745, in-12. — Fables, Anecdotes et Contes, par Desains. *Paris*, 1861, in-8, fig. — Odes sacrées de Rousseau. *Bruxelles*, 1738, in-4 ; etc., etc., ens. 6 vol. rel. et br.

159. Contes et nouvelles en vers de M. de La Fontaine. *Amsterdam*, 1776, 2 vol. pet. in-8, fig. à mi-page, veau.

160. Contes et Nouvelles en vers, par La Fontaine. *Amsterdam, Lucas*, 1721, 2 tomes en 1 vol. petit-in-8, fig. de Romain de Hooge, d. rel. non rogn. (Piqué dans les marges du bas.)

161. Contes et Nouvelles en vers, par M. de La Fontaine. *Amsterdam, Desbordes*, 1685, 2 vol. en un pet. in-8, fig. de Rom. de Hooge, veau.
Exemplaire grand de marges.

162. OEuvres diverses du sieur D... (Boileau), avec le Traité du sublime. *Paris, D. Thierry*, 1685, in-12, frontisp. parch.

163. Recueil de pièces galantes, en prose et en vers, de madame la comtesse de La Suze, d'une autre dame et de M. Pélisson. *Amsterdam, J. Rips*, 1695, in-12, veau.

164. Porte-feuille de M. L. D. F..., *jouxte la copie imprimée à Carpentras, chez Dom. Labarre*, 1694, in-12, velin.

165. Louvois sur la sellette, criminel examiné en juge-

meut par l'Europe, etc. *Cologne, P. Marteau*, 1695, pct. in-12, front. demi-rel.

166. Odes galantes et bachiques, par Le Brun. *Paris, G. Cavelier*, 1719, in-12, front. bas.

167. La Divina commedia di Dante Alleghieri, con tavole in rame (disegnate da L. Adamolli e Fr. Nenci). *Firenze, all' insegna dell' Ancora*, 1817-19, 4 vol. gr. in-fol. fig. pap. vél. cart. non rogn.

Edition de luxe. Un clou a traversé les premiers feuillets du tome I. (*Inferno.*)

168. **Dante, col sito et forma dell' inferno.** *Venetia, nelle case d'Aldo et d'Andrea di Asola*, 1515, pet. in-8, mar. r. fil. tr. dor. gaufr. (Rel. originale.)

Bon exemplaire conforme à la description de MM. Brunet et Renouard.

169. Il Petrarcha, con nuove e brevi dichiarationi. In Lyone, G. Rouillio, 1551, in-16, fig. sur bois, mar. r. fil. tr. dor. (Capé.)

170. Orlando furioso di messer Ludovico Ariosto. *Vinegia, in casa di Figlivoli di Aldo*, 1545, in-4 à 2 col. vél.

Très-rare. Le titre monté, court de marges en haut. Quelques raccommodages.

171. Rime et prose del S. Torquato Tasso. *Venetia, presso Aldo*, 1583, 2 vol. —Aggiunta alle rime et prose, etc. *Venetia presso Aldo*, 1585, 1 vol.; ens. 3 vol. in-12, vél.

On trouve rarement ces trois volumes réunis.

172. La Gerusalemme liberata di Torquato Tasso. *In Parigi, Bossange*, 1792, 2 vol. in-8, fig. v. marb. fil. tr. dor.

173. Aminta, favola boscareggia di Torq. Tasso. *Leida, Giov. Elzevier*, 1656, pet. in-12, demi-rel.

174. L'Aminta di Torquato Tasso, dramma pastorale. *Firenze, all' insegna dell' Ancora*, 1820, gr. in-fol., portr. pap. vél. cart. non rogn.

Edition de luxe.

175. Poesie scelte in dialecte milanese di Carlo Porta e Tommaso Grossi, edizione illustrata. *Milano*, 1842, gr. in-8, fig cart.

176. Milton's Poetical Works, with his Life. *London,*
1841, in-32, portr. chagr. tr. dor.

177. OEuvres de Salomon Gesner. *Paris, Renouard,*
1799, 4 vol. in-8, fig. de Moreau, papier vélin, veau
jasp. fil.

THÉATRE

178. Maximes et Réflexions sur la comédie, par J.-B. Bossuet. *Paris, Delusseux,* 1728, petit in-8, v. f. fil.
(Petit.)

179. Terentii comœdiæ. *Venetiis, in œd. Aldi et Andreæ
Asulani soceri,* 1517, pet. in-8, vél. tr. dor. gaufr.

Première édition donnée par les Aldes, dédiée à Grolier.

180. La Farce de la Pipée (publ. par Francisque Michel).
Paris, Silvestre, 1832, in-8 goth., d. rel. mar. non r.

Exemplaire sur papier de Chine (unique).

181. OEuvres complètes de Molière. *Paris,* 1825, in-8,
portr. mar. viol. à comp. tr. dor.

182. OEuvres de Molière. *Amsterdam et Leipzig, Arkstée
et Merkus,* 1750, 4 vol. pet. in-12, veau.

Jolies figures par Punt.

183. OEuvres de Racine. *Suivant la copie imprimée à
Paris,* 1682, 2 vol. in-12, fig., maroquin rouge, plats
ornés, tr. dor.

Bon exemplaire de la seconde édition elzévirienne.

184. Athalie, tragédie (par Racine). *Paris, D. Thierry;*
1691, in-4, fig., veau.

Bel exemplaire de l'édition originale.

ROMANS, CONTEURS, FACÉTIES, MÉLANGES

185. L'histoire et poursuite de Primaléon de Grèce, fils
de l'empereur de Constantinople.... avec les combats, duelz, cartelz et tournois entreprins et dressés
par don Edouard d'Angleterre, enamouré de l'infante

Fleride, sœur de Primaléon. Nouvellement traduict d'espagnol en françois par G. Landre d'Orléans. *Anvers, H. Heyndricx*, 1577, pet. in-8, d. rel.

186. Les Dialogues de Messire Speron Sperone, Italien, traduitz en françoys par Claude Gruget. *Paris, E. Groulleau*, 1551, pet. in-8, cart.

187. Les Avantures de Telemaque, fils d'Ulysse. *S. L. N. D.*, in-12, bas.

188. Primerose (par Morel de Vindé). *Paris, Didot*, 1797, in-18, fig., bas.

189. Ludus septem sapientum, de Astrei regis adolescentis educatione, periculis etc. *Francofurti, apud P. Reffeler, impensis Sigism. Feyrabent* (circa 1580), pet. in-8, vél.

Curieuses figures sur bois.

190. Il Decamerone di Giovanni Boccaccio. *Nuovamente, stampato in Lione, appresso Gulielmo Rovillio*, 1555, in-16, fig. sur bois, v. f. tr. dor. (Anc. rel.)

Bon exemplaire de cette édition rare imprimée en jolis caractères ronds; elle donne le texte de l'édition de **1527.**

191. Contes et nouvelles de Bocace, Florentin, traduction libre accommodée au goùt de ce temps. *Amsterdam, Gallet*, 1697, 2 tomes en 1 vol. pet. in-8, bas.

Première édition qui contienne les spirituelles eaux-fortes de Romain de Hooge.

192. Laberinto d'amore di M. Giovanni Boccaccio, con una epistola a messer Pino de Rossi. *Firenze*, 1525, pet. in-8, init. en coul. v. fauve. (Anc. rel.)

193. Contes et nouvelles de Marguerite de Valois, reine de Navarre. *Amsterdam, Gallet*, 1708, 2 tomes en 1 vol. petit in-8, fig. à mi-page par Harrewyn, broch.

Exemplaire non rogné.

194. Le Moyen de parvenir, contenant la raison de tout ce qui a été, est et sera. *Nulle part*, 1000700504, 2 vol. in-12, veau.

195. Les Bigarrures et touches du seigneur des Accords, avec les apophtegmes du sieur Gaulard, et les Escraignes dijonnoises. *Rouen, du Mesnil*, 1640,

4 part. en 2 vol. pet. in-8, fig. sur bois, mar. r. fil.
tr. dor. (Rel. anglaise.)

196. Facécieux devis et plaisans contes (pour ragaillar-
dir les esprits encornifistibulés), par le sieur du Mou-
linet, comédien. *Paris, J. Millot*, 1642, in-12, frontisp. vél.

Très-rare; bel exemplaire dans sa première reliure.

197. Recueil général des œuvres et fantaisies de Taba-
rin. Les adventures et amours du capitaine Rodomont.
Paris, Ph. Gaultier, 1625, 3 part. en 1 vol. in-12, cart.

198. Récréations françoises ou recueil de contes à rire.
Utopie, 1681, 2 part. en un pet. in-12, mar. bleu,
fil. tr. dor.

199. Les Malades de belle humeur, ou lettres divertis-
santes écrites de Chaudray. *Lyon, J. Lion*, 1698, pet.
in-8, bas.

200. Nouveaux contes à rire, et aventures plaisantes de
ce temps. *Cologne, Roger Bontemps*, 1702, pet. in-8,
fig. vél. (Taché.)

201. Contes des fées, nouvelles..., le tout dédié à la Vo-
lupté par M. de V... de G..... *Amsterdam*, 1776, 2 vol.
in-12, broch.

202. Les Amusemens spirituels des frivoles, ou Pantin
et Pantine, conte spirituel. *Amsterdam, Michel*, 1751,
pet. in-8, broch.

203. Nouvelle relation de l'intérieur du Serrail du
Grand Seigneur, contenant plusieurs singularitez qui
jusqu'icy n'ont point été mises en lumière, par J.-B.
Tavernier. *Amsterdam, J. van Someren*, 1678, pet.
in-12, front. v. (Rare.)

Le frontispice est doublé.

204. Dialogue de l'Arétin, où les vies et faits de Laïs et
Lamia sont deduites, traduict d'italien en françois.
S. L. N. D., pet. in-12, 202 pages, vél.

205. Il P..... o Romano, o vero conclave generale delle
p....e della corte per l'elettione del nuovo pontefice
(Da G. Leti.). S. L., 1668, pet. in-12, vél.

La bonne édition des Elzevirs.

206. Joannis Meursii elegantiæ latini sermonis. S. L. A., pet. in-12, maroq. grenat, tr. dor. (Lortic.)

L'édition qu'on joint à la collection des Elzevirs (conforme à la description donnée par M. Brunet). — Quelques soulignures.

207. Blanche, infante de Castille, mère de saint Louis, reyne et régente de France (par Auteuil). *Paris, Sommaville et Courbé*, 1644, in-4, frontisp. par Huret, veau f. (aux armes du comte de Bunau.)

208. Histoire de Marguerite d'Anjou, reine d'Angleterre, par l'abbé Prevost. *Amsterdam, J. Catuffe*, 1741, 4 part. en 2 vol. pet. in-12, br. non rog.

209. Amours d'Anne d'Autriche avec le cardinal de Richelieu, le véritable père de Louis XIV. *Cologne, Pierre Marteau (à la Sphère)*, 1693, pet. in-12, front. bas.

210. Les Amours d'Anne d'Autriche, épouse de Louis XIII, avec Monsieur le C. D. R., le véritable père de Louis XIV, aujourd'hui roi de France. Où l'on voit au long comment on s'y prit pour donner un héritier à la couronne, les ressorts qu'on fit jouer pour cela, et enfin tout le dénoument de cette comédie. *Cologne, P. Marteau (à la Sphère)*, 1693, pet. in-12, vél.

Edition la plus complète, 123 et 57 pages.

211. Amours des Dames illustres de France, sous le règne de Louis XIV. *Cologne, P. Marteau, s. d.*, 2 vol. pet. in-12, fig., broch. non rogn.

Edition la plus complète.

212. La France galante, ou histoires amoureuses de la cour. *Cologne, P. Marteau*, 1706, 2 tomes en 1 vol. pet. in-12, fig., veau.

Les conquêtes amoureuses du grand Alcandre. — Les Vieilles Amoureuses. — Histoire de la Maréchale de la Ferté. — La France devenue italienne. — Le Divorce royal. — Le Passe-temps royal de Versailles, ou les amours de madame de Maintenon. — Les amours de M. le Dauphin avec la comtesse du Roure.

213. Histoire du Père La Chaize, jésuite et confesseur du roy Louis XIV. *Cologne, P. Marteau*, 1696. — Seconde partie, 1695, 2 tomes en 1 vol. pet. in-12, bas.

On trouve rarement les deux parties réunies.

214. Histoire d'Henriette d'Angleterre, première femme

du duc d'Orléans, par madame de La Fayette. *Maestricht, Dufour et Roux*, 1779, 2 vol. in-12, br.

215. Mémoires de M. le duc de Guise. *Cologne, P. Marteau (à la Sphère)*, 1669, 2 tomes en 1 vol. pet. in-12, vélin.

216. Les Amours de S. A. R. Mademoiselle, souveraine de Dombes, avec M. le comte de Lauzun. Ensemble le sujet de son éloignement. *S. L. n. d.*, pet. in-8, 71 pages, cart.

Les quatre dernières pages contiennent : « L'Aigle, le Moineau et le perroquet. » (Fable en vers.)

217. Histoire amoureuse et badine du congrès de la ville d'Utrecht. *Liége, J. le Doux, s. d.*, 292 pages. — Véritable clef de l'histoire amoureuse et badine, etc. *Cologne, P. Marteau*, 1714, 11 pages, 2 vol. en un pet. in-12, veau.

218. Almanach perpétuel d'amour, selon les observations astronomiques de Cupidon, diligeamment supputé et réduit au méridien du cœur, par Joly, passionné professeur ès-mathématiques d'amour. *À l'Isle d'Adonis, par Fidelle Soûpirant à la rue des Belles, à l'enseigne de Vénus, l'an* 1681, pet. in-12, 200 pages, vél.

219. Ravissement de l'Helene d'Amsterdam, contenant des accidents étranges, tant d'amour que de la fortune, arrivez à une demoiselle d'Amsterdam en plusieurs endroits du monde, et principalement en Turquie où elle a été esclave. *Amsterdam, T. ten Hoorn*, 1683, pet. in-12, fig. cart.

220. Le double Cocu, histoire du tems, par le sieur de Bremond. Imprimé à Paris, pour MM. Jaques Magnes et Richard Beneley, à la poste de Russelstret au Covent-Jardin, 1679, pet. in-12, cart.

Petit volume rare, sorti des presses hollandaises.

221. Histoire de Jean de Bourbon, prince de Carency, par l'auteur des Mémoires et Voyage d'Espagne. *La Haye, Alberts (à la Sphère)*, 1692, pet. in-12, vél.

222. Mémoires de la vie du comte de Grammont, contenant particulièrement l'histoire amoureuse de la cour d'Angleterre sous Charles II. *Cologne, P. Marteau*, 1714, in-12, br.

223. Histoire des intrigues galantes de la reine Christine de Suède et de sa cour, pendant son séjour à Rome. *Amsterdam, Henri,* 1697, in-8, portrait, cart.

224. Mémoires pour servir à l'histoire de la calotte. *Aux Etats calotins, de l'imprimerie Calotine,* 1752, 4 part. en 1 vol. in-12, veau.

225. Vie privée du maréchal de Richelieu, contenant ses amours et ses intrigues, etc. *Paris, Buisson,* 1791, 2 vol. in-8, demi-rel.

226. Le Mémorial d'un Mondain, par M. le comte Max Lamberg. *Au cap Corse,* 1774, pet. in-8 broch. rogn.

227. Les Récréations des capucins, ou description historique de la vie que mènent les capucins pendant leurs récréations. *La Haye,* 1738, pet. in-12, vél.

228. Abelii Sammarthani Scævolæ F. Opera quæ extant, latina et gallica, tam ea quæ prosa, quàm quæ versibus conscripta sunt. *Lutetiæ, apud Jac. Villery,* 1632, in-4, vél.

229. Tutte le opere di Nicolo Macchiavelli, divise in V parti. *S. L.,* 1550, pet. in-4, vél.

Edition dite de *la Testina.* Bel exemplaire.

230. Lot de livres. Dictionnaire espagnol-français et français-espagnol, par Nunez de Taboada, 2 vol. — Un million de faits. — Histoire de la guerre de trente ans, etc. Ens. 12 vol. rel. et br.

HISTOIRE

231. Discours sur l'histoire universelle, pour expliquer la suite de la religion et les changements des empires, depuis le commencement du monde jusqu'à l'empire de Charlemagne, par J.-B. Bossuet. *Paris, Mabre-Cramoisy,* 1681, 2 part. en un in-4, vignettes, mar. vert. fil. tr. dor.

Edition originale.

232. Fasciculus temporum (auctore W. Rolevinck), cum

additionibus H. Wirczburg de Vach. *S. L.*, ~~1844~~ *1481*, pet. in fol. goth., fig. sur bois, cart.

Exemplaire Kloss. Première édition qui contienne les additions de Henri-Wirczburg de Vach, religieux de l'ordre de Cluny, à Rougemont.

233. Fasciculus temporum (auct. W. Rolevinck). *Venetiis, cura et impensis Erhardi Ratdolt*, 1480, in-folio goth., fig. sur bois, cart.

Exemplaire Kloss, avec initiales peintes en or et coul. (Piqûre.)

234. C. Sallustii opera omnia. *Florentiæ, ex typographia Anchoræ*, 1820, gr. in-fol., portr., pap. vélin, cart. non rogn.

Edition de luxe, publiée au prix de **120** francs.

235. C. C. Sallustio volgarizzato da Vittorio Alfieri da Asti. *Firenze*, 1820, gr. in-fol., portr., pap. vélin, cart. non rogn.

Volume sorti des mêmes presses et exécuté avec le même luxe que le numéro précédent.

236. Le parfait Capitaine, autrement l'abrégé des guerres des commentaires de César, augmenté d'un Traité de l'intérest des princes et des estat de la chrestienté. *Jouxte la copie imprimée à Paris (à la Sphère)*, 1692, pet. in-12, cart. NON ROGN.

237. Gesta Dei per Francos, sive orientalium expeditionum et regni Francorum Hierosolimitani historia, a variis, sed illius ævi scriptoribus, litteris commendata (coll. a Jac. Bongarsio). *Hanoviæ, Wechel*, 1611, 2 t. en 1 vol. in-fol. vél. (Papier supérieur.)

238. Les Antiquitez gauloises et françoises, augmentées de trois livres : contenans les choses advenues en Gaule et en France jusques en l'an sept cens cinquante et un, recueillies par M. le président Fauchet. *Paris, J. Périer*, 1599, in-8, beau portrait par Th. de Leu, vélin.

239. Mémoires et recueil de l'origine, alliances et succession de la royale famille de Bourbon, branche de la maison de France. Ensemble, de l'histoire, gestes et services plus mémorables, faictz par les princes d'icelle, aux rois et couroue de France. *La Rochelle, Haultin*, 1587, pet. in-8, vél.

240. Le Premier (second et tiers) volume de Enguerran de Monstrellet. *Imp. a Paris, pour Francoys Regnault,* 1518, 3 vol. in-fol. goth., vél.

241. Les Chroniques de Jean Carion, avec les faicts et gestes du Roy François, jusques au regne du Roy Henry II, traduites par Maistre Jean le Blond. *Paris, Jean Longis,* 1551, in-16, vél.

242. Commentariorum de statu religionis et reipublicæ regno Galliæ libri XII, regibus Henrico II, Francisco II et Carolo IX. *Excusum anno salutis (Genevæ),* 1571-72-75. — V partis commentariorum de statu religionis libri tres, Henrico tertio rege. *Lugduni Batavorum per Johannem Jucundum,* 1580, 5 part. en 2 vol. pet. in-8, peau de tr.

Bel exemplaire de cet ouvrage intéressant et très-recherché. On a relié à la suite du 2ᵉ volume : *Explicatio controversiarum quæ a nonnullis moventur de Henrici Borbonii regis in regnum Franciæ constitutione, a Tossano Bercheto Lingonensi e gallico in latinum sermonem conversum. — Sedani, typis Mathæi Hilarii,* 1590.

243. Histoire de nostre temps, contenant les commentaires de l'estat de la Religion et République sous les rois Henry et François seconds, et Charles neufiesme. *S. L.* 1546, in-16, v. ant. (Rel. originale.)

244. La vie de Messire Gaspar de Colligny, seigneur de Chastillon, admiral de France, à laquelle sont adjousté ses Mémoires sur ce qui se passa au siége de S. Quentin. *Leyde, Bonav. et Abr. Elzevier,* 1643, 2 part. en 1 vol. pet. in-12, broch. rogn.

Exemplaire très-grand de marges (135 millimètres).

245. Journal de Henri III, ou mémoires pour servir à l'histoire de France. *La Haye,* 1744. — Journal du règne de Henri IV (par Pierre de l'Estoile et publié par Lenglet du Fresnoy). *La Haye,* 1741, ens. 9 vol. in-8, fig. v. m.

246. Mémoires de la reyne Marguerite. *Bruxelles, Foppens,* 1658, pet. in-12, 197 pages, bas. (Bel exempl.)

247. Satyre Menippée de la vertu du Catholicon d'Espagne et de la tenue des estats de Paris. *Ratisbonne, M. Kerner,* 1696, in-12, bas.

Exemplaire avec les portraits et la figure de la procession.

248. Discours de la joyeuse et triomphante entrée de très-haut, très-puissant et très-magnanime Prince Henry IIII de ce nom, très-chrestien Roy de France et de Navarre, faicte en sa ville de Rouen, capitale de la province et duché de Normandie, le Mercredy seizième jour d'Octobre 1596. Avec l'ordre et somptueuses magnificences d'icelle, et les portraicts et figures de tous les spectacles et autres choses y représentez. *Rouen, Jean Crevel*, 1599, in-4, fig. sur bois, vél.

Exemplaire complet, avec les 10 planches non chiffr.

249. Procédure faicte contre Jean Chastel..... pour le parricide par luy attenté sur la personne du Roy Henri IV. Avec l'histoire prodigieuse du détestable parricide attenté contre ledit sieur Roy par Pierre Barrière, à la suscitation des Jésuites. *Jouxte la coppie imprimée à Paris chez Jamet-Mettoyer*, 1595, petit in-8, cart. (Court de marges.)

250. Panégyrique sur le couronnement de la Royne. *Rouen, J. Petit* (1610), pet. in-8, 31 pages, cart.

251. Sermon funèbre fait aux obseques de Henri IIII... dans l'église de S. Jacques de la Boucherie, par J. Suares. *Rouen, P. Courant*, 1610, pet. in-8, cart. (Court de marges.)

252. Discours funèbre à l'honneur de la memoire de.... Henry IIII, par le sieur de Nervèze. *Rouen, Th. Reinsaert*, 1610, pet. in-8, 48 pages, cart.

253. Discours lamentable sur l'attentat et parricide commis en la personne de... Henry IIII, par Pelletier. *Rouen, J. Petit*, 1610, pet. in-8, 15 pages, cart.

254. Oraison funèbre prononcée en l'église de Rouen aux funérailles... de Henry IIII, par F. Vreuin. *Rouen, Romain de Beauvais*, 1610, pet. in-8, 57 pages, cart.

255. Oraison funèbre sur le trespas de Henry le Grand IIII du nom... prononcée en l'église royale de S. Aignan à Orléans, par P. d'Amour. *Rouen, P. Courant*, 1610, pet. in-8, 20 pages, cart.

256. Diræ in parricidam (Henrici IV, per Nic. Borbonium). *Parisiis, J. Libert*, 1610, pet. in-8, 13 pages, cart.

257, Regrets funèbres sur la mort de Henry IIII, **par** Charles de Raemond, abbé de la Frenade. *Paris, Sevestre,* 1610, pet. in-8, 55 ff. cart.

258. La Couronne Royalle, par Charles de Raemond, abbé de la Frenade. *Paris, Ch. Sevestre,* 1610, pet. in-8, 42 ff. cart.

259. Histoire du roy Henry-le-Grand, composée par Hardouin de Perefixe. *Amsterdam, D. Elzevir,* 1664, pet. in-12, front. bas.

260. Déclaration faicte par le Roy, séant en son lit de Justice, le 15 Mai 1610. *Rouen, M. le Mégissier,* 1610, pet. in-8, 10 pages, cart.

261. Histoire de la Régence de la reine Marie de Médicis, femme de Henri IV, mère de Louis XIII, rois de France et de Navarre, par F. de Mézeray. *La Haye,* 1743, in-4, veau marbr. (aux armes.)

262. Journal du Cardinal duc de Richelieu. *S. L.* 1648, pet. in-8, vél.

Le procès de Cinq-Mars et de Thou se trouve pages **145** et suivantes.

263. Mémoires de M. D. L. R. (Rochefoucauld) sur les brigues à la mort de Louis XIII..., apologie pour M. de Beaufort, mémoires de M. de la Chastre. *Cologne, P. van Dyck (à la Sphère),* 1662, pet. in-12, vél.

Bel exemplaire de la première édition elzévirienne, avec la page des errata (**133 millimètres**).

264. Divers mémoires concernant les guerres d'Italie, avec trois traitez de M. Silhon, qui n'ont point encore été vùs. *Paris, Cramoisy,* 1669, 2 vol. in-12, vél.

Très-bel exemplaire.

265. Recueil des défenses de Foucquet. *S. L.* 1665, 5 vol. — Factum de Foucquet pour servir de réponse aux objections de fait et de droit, etc. *S. L.* 1666, 1 vol. — Production de Foucquet contre celle de Talon. *S. L.* 1667, 7 vol. — Conclusion des défenses de Foucquet. *S. L.* 1668, 1 vol. Ensemble 14 vol. pet. in-12, vél.

Edition elzévirienne, bel exemplaire de Cayrol.

266. **Advis fidelle aux véritables Hollandois, touchant**

ce qui s'est passé dans les villages de Bodegrave et Swammerdam, et les cruautés inouïes que les François y ont exercées, etc. (par Wicquefort). *(Amsterdam),* *(à la Sphère)*, 1673, pet. in-12, vél.

Belle édition elzévirienne.

267. Réflexions sur la cruelle persécution que souffre l'Eglise réformée de France. *S. L. (Hollande)*, 1685. — Pleinte de l'Assemblée générale du clergé de France contre les calomnies... que les prétendus Reformez ont répandues. *Suivant la copie imprimée à Paris*, 1685. — Réflexions sur les actes de l'Assemblée du clergé de France de 1685. *S. L. n. d.*, 1 vol. pet. in-12, veau.

268. Les bornes de la France, réduites à la paix des Pirennées, et l'intérêt que les Alliez ont de ne point accepter les offres de paix qu'elle fait aujourd'hui. *Cologne, P. Marteau*, 1694. — Relation des violences exercées par les François au Palatinat, à la fin de l'année 1673 et au commencement de 1674. *Cologne (Hollande, à la Sphère)*, 1674, 2 vol. en un pet. in-12, cart.

269. L'Art d'assassiner les Rois, enseigné par les Jésuites à Louis XIV et Jaques II. *Londres, Thomas Fullher*, 1696, 184 pages. — Réponse à un gentilhomme françois sur la conspiration de Jaques II, ci-devant roi d'Angleterre, contre S. M. Guillaume III. *S. L. n. d.*, 72 pages, 2 vol. en un pet. in-12, vél.

270. Hadr. Valesii notitia Galliarum ordine litterarum descripta, in qua situs, gentes, oppida, portus, castella, vici..... notantur. *Parisiis, Léonard*, 1675, in-fol. vél.

271. Les Antiquitez et recherches des villes, chasteaux, et places plus remarquables de toute la France, par André du Chesne. Paris, J. Petit-Pas, 1624, pet. in-8, parch.

272. Voyage pittoresque et sentimental dans plusieurs provinces occidentales de la France (par le maréchal Brune). *Londres, Lhomme (Paris)*, 1802, in-18, veau, tr. dor.

Exemplaire sur papier vélin, rare.

273. Les Origines de la ville de Caen (par Huet, évêque d'Avranches). *Rouen, Maurry*, 1706, in-8, plan, veau au chiffr.

274. Mémoires pour servir à l'histoire de la fête des foux qui se faisoit autrefois dans plusieurs églises, par M. du Tillet. *Lausanne et Genève, Bousquet*, 1741, in-4, fig. cart. non rog.

Exemplaire sur grand papier.

275. Gallo-Flandria sacra et profana... Dein annales Gallo-Flandriæ, authore Jo. Buzelino. *Duaci, Marc Wyon*, 1625 2 tomes en 1 vol. in-fol., frontisp., veau f. fil. (Rel. orig.)

276. Mémoires de l'histoire de Lyon, par Guill. Paradin. *Lyon, Ant. Gryphius*, 1573. — Les Priviléges, franchises et immunitez de la ville de Lyon, par Claude de Rubis. *Lyon, Ant. Gryphius*, 1573, 2 vol. en un, in-fol., v.

277. Histoire des Evêques de l'église de Metz, par le R. P. Meurisse. *Metz, J. Anthoine*, 1634, in-fol. veau br. fil.

278. Series præsulum Magalonensium et Monspeliensium, variis Guillermorum Monspelii dominorum comitum Melgoriensium; regum Maioricensiun, Aragoniorum et Gothorum historiis locupletata... auctore Petro Gariel. *Tolosæ, J. Boude*, 1665, 2 tomes en un vol. in-fol. veau.

279. Abrégé des antiquitez de la ville de Paris, contenant les choses les plus remarquables tant anciennes que modernes. *Paris, Guignard*, 1664, pet. in-12, v.

280. Inquisition françoise ou histoire de la Bastille, par de Renneville. *Amsterdam, Roger*, 1715, pet. in-8, portr. fig., mar. r. fil. tr. dor. (Ancienne reliure hollandaise.)

281. Arrests sur quelques questions notables prononcez en robe rouge au Parlement de Provence, par le Sr. Du V. (Vair). *Paris, Abel l'Angelier*, 1610, 2 tom. en 1 vol. pet. in-8, frontisp., v. fil. (Rel. orig.)

282. Recherches du sieur Chorier sur les antiquitez de la ville de Vienne, de la Topographie historique des

principales villes du Dauphiné. *Lyon, Baudrand,* 1659,
pet. in-12, bas.

283. Les trois Livres du docteur Nicolas Sanders, con-
tenants l'origine et progrez du scisme d'Angleterre.
S. L.,1587, pet. in-8, maroq. rouge à compartiments
en maroq. de différentes couleurs (représ. des fleurs)
et en or, tr. dor.
Curieuse reliure ancienne.

284. Défense de la religion réformée et de la monarchie
et Eglise anglicane contre l'impiété et tyrannie de la
ligue rebelle d'Angleterre. *S. L.* 1605, *l'an second
après le martyre de Charles I*, pet. in-8, portrait de
Charles II, vél.
Les pages 235-60 contiennent le poëme : l'Eglise persécutée par
la ligue anabaptiste de l'Angleterre.

285. Histoire entière et véritable du procez de Charles
Stuart, roy d'Angleterre. *Londres,* 1650, pet. in-8, v.
jasp. fil. (Exemplaire Veinant.)

286. Relation fidelle et véritable de la procédure crimi-
nelle faite contre Robert Charnok, Edouard King et
Thomas Key, accusés et convaincus d'avoir conspiré
contre la vie de Guillaume III, roi de la Grande-Bretagne, etc. *La Haye, Moetjens,* 1696, pet. in-12, demi-
rel. vél.

287. Histoire des singularitez naturelles d'Angleterre,
d'Ecosse et du pays de Galles, trad. de l'anglois de
M. Childrey par M. P. B. *Paris, R. de Ninville,* 1667,
in-12, maroq. vert fil. tr. dor. (Anc. rel. aux armes.)
Très-bel exemplaire en *grand papier fort.* Fig. de Le Clerc.

288. Vita del imperador Carlo V, descritta da Alfonso
Ullao. *Venetia, Aldo,* 1574, in-4, bas. dos de mar. r.

289. Handbuch des Statistik des Osterreichischen Kai-
serstaates, von J. Hain. *Wien,* 1852-53, 2 vol. — Die
technische Bildung in OEsterreich, von H. J. Bider-
mann. *Wien,* 1854. — Studien ueber das œsterrei-
chische Concordat. *Wien,* 1856. — Handbuch der
Patente, Gesetze und Verordnungen fur Cultus und
Unterricht, von Kankoffer. *Wien,* 1855. — Ensemble
5 vol. in-8, br.

290. La Vie et les actions de monseigneur Christophle

Bernard de Gale, évêque de Munster. *Cologne, Pierre le Jeune (Hollande)*, 1679, pet. in-12, portr., cart.

291. La Vie et les faits mémorables de Chr. Bernard van Galen, évêque de Munster. *Leide, J. Mortier (1679)*, pet. in-12, fig. vél. blanc.

292. Relation de trois ambassades du comte de Carlisle, de la part de Charles II, Roy de la Grande-Bretagne, vers le Grand-Duc de Moscovie, le Roy de Suède, et le Roy de Dannemarc et de Norvège, de 1663 à 1664, trad. par Guy Miège. *Amsterdam, J. Blaeu*, 1669, pet. in-12, vél.

Première édition française.

293. Histoire de Charles XII, roi de Suède, par J.-A. Nordberg. (Trad. du suédois par Ch. G. Warmholz.) *La Haye, P. de Hondt*, 1748, 3 vol. in-4, portr. cart., v. marb.

294. Voyage du duc de Rohan, faict en l'an 1600, en Italie, Allemagne, Pays-Bas-Uni, Angleterre et Ecosse. *Amsterdam, Louys Elzevier*, 1646, pet. in-12, vél.

295. Dell' istoria d'Italia libri XVI, da Francesco Guicciardini. *Fiorenza, Lor. Torrentino*, 1561, 2 vol. in-8, car. r. veau.

Très-belle édition.

296. Taxe de la chancellerie romaine ou la Banque du Pape. *Rome*, 1744, in-12, front. et fig., v. éc. fil.

297. Cronique de Savoie, par maistre Guillaume Paradin. *Lyon, J. de Tournes et Guill. Gazeau*, 1552, in-4, veau.

Première édition. Exemplaire mouillé, mais très-grand de marges.

298 Chronique de Savoye, extraicte pour la pluspart de l'histoire de M. Guillaume Paradin. Troisième édition, enrichie et augmentée en divers endroits, et continuée jusques à la paix de l'an 1601. *Lyon, J. de Tournes*, 1602, in-fol., fig. de blasons, vél.

299. Mémoires et négociations secrètes de la cour de Savoye, contenant les relations de M. Phelippeaux. *Basle, L. Rigaut*, 1705, pet. in-12, broch.

300. Collection de 65 chartes sur parchemin, XIIIe au

XVIIIᵉ siècle, pièces historiques, bulles des papes, testaments, donations, contrats de vente, etc.

Presque toutes ces pièces concernent les familles nobles de la *Toscane;* quelques-unes seulement les autres parties de l'Italie. — On y trouve entre autres une curieuse charte originale de **1228,** contenant la *Convention de la paix* entre les habitants de Pise et ceux de Lucques.

301. Istorie Fiorentine di Benedetto Varchi. 3 gros vol. in-fol. parch.

Manuscrit de la fin du XVIᵉ siècle, sur papier. Le premier f. du tome III est d'une écriture moderne.

302. La Vita di Ferrando Davalo, marchese di Pescara, scritta per Mons. Paolo Giovio, vescovo di Nocera, et tradotta per Lodovico Domenichi. *Fiorenza, L. Torrentino,* 1551, pet. in-8, cart.

303. Le Antichita dei Bonaparte, con uno studio storico sulla Marca Trivigana per Federico Stefani, precede una introduzione per Luciano Beretta. *Venezia,* 1857, gr. in-4, blasons coloriěs, broch.

Tiré, aux frais de l'auteur, à 100 exemplaires (celui-ci porte le nº 40), 176 pages et 166 p. pour les preuves.

304. Mémoires curieux envoyés de Madrid, sur les festes ou combats de taureaux; sur le serment de fidélité qu'on preste solennellement aux successeurs de la couronne d'Espagne; sur le mariage des infantes; sur les proverbes, les mœurs, les maximes et le génie de la nation espagnolle. *Paris, Léonard,* 1670, pet. in-12, vél.

305. Viage a Constantinopla en el ano de 1784, escrito de orden superior por Jos. Moreno. *Madrid,* 1790, in-fol., fig. et cartes, dem. rel. v. ant.

306. Les voyages du sieur Le Maire aux Isles Canaries, Cap-Verd, Senegal et Gambie. *Paris, J. Collombat,* 1695, in-12 vél.

GÉNÉALOGIE. — NOBLESSE, ETC.

307. Livre de tournois. Anfang, ursprung, und herkommen des Thurniers iun Teutscher Nation. *Sie-*

mern, *H. Rodler*, 1532, in-fol., fig. sur bois, peau de tr. ferm. (Piqué à la fin.)

308. Traité des tournois, joustes, carrousels, et autres spectacles publics (par le P. Menestrier). *Lyon, Muguet*, 1669, in-4, fig. veau f. (Anc. rel.)

Exemplaire en grand papier.

309. Dissertations historiques et critiques sur la chevalerie ancienne et moderne, séculière et régulière, avec des notes, par le R. P. Honoré de Sainte-Marie. *Paris, Giffart*, 1728, in-4, fig. veau.

310. Historie cronologiche della vera origine di tutti gl'ordini equestri e religioni cavalleresche de Bernardo Giustiniano. *Venetia*, 1672, gr. in-4, fig. et blasons, demi-rel.

311. De la noblesse, ancienneté, remarques et mérites d'honneur de la troisième maison de France (par Fr. Pithou ou Nic. Viguier). *Paris, Abel l'Angelier*, 1587, pet. in-8, cart.

312. Histoire généalogique de la maison d'Auvergne, par Baluze. *Paris, Ant. Dezallier*, 1708. 2 vol. in-fol., fig. et blasons, veau.

313. Mémoires de Michel de Castelnau, sgr de Mauvissière, illustrés de plusieurs commentaires et manuscrits, avec l'histoire généalogique de la maison de Castelnau, et les généalogies de plusieurs maisons alliées à celle de Castelnau, par J. Le Laboureur. Nouvelle édition, avec 400 blasons grav. en taille-douce. *Bruxelles*, 1731, 3 vol. in-fol., fig., veau.

Très-bel exemplaire sur *grand papier fort*.

314. Traité de la noblesse des capitouls de Toulouse, avec des additions et remarques de l'auteur sur ce traité, 4ᵉ édition (par de Lafaille). *Toulouse, F. Forest*, (1717), in-4, mar. bleu fil. tr. dor.

Reliure de Padeloup, aux armes.

315. Jeu d'Armoiries des souverains et Etats d'Europe, pour apprendre le blason, la géographie et l'histoire curieuse, par C. Oronce Finé dit de Brianville. *Amsterdam, Danckerts, s. d.*, in-16, front. fig. v.

316. Histoire de l'imprimerie, par C. Falkenstein (en

allem.) *Leipsic*, 1840, gr. in-4, beaucoup de planches, cart. n. rog.

Contient un grand nombre de fac-simile, d'anciennes xylographies et de caractères d'imprimeurs.

317. Catalogue de la belle collection des livres de M. Libri. *Londres*, 1859, gr. in-8, dem. rel. dos et coins mar. r. tête dor. non rogn. (Prix mss.)

318. Catalogue of the celebrated mathematical, historical, bibliographical, and miscellaneous portion of the celebrated library of M. G. Libri. *London*, 1861, 2 v. gr. in-8, fac-simile, br. (Prix manuscrits.)

Catalogue de plus de 7,000 nᵒˢ, bien rédigé avec des notes intéressantes.

SCEAUX ET CACHETS

Provenant du Cabinet de M. DE KOCH

Collection de Sceaux et Cachets originaux en cire, environ 100,000 pièces, avec indication du nom des familles, et quelques Notices généalogiques formant un Nobiliaire universel de l'Europe. — Les Sceaux et Cachets sont en général collés dans des boîtes minces de carton et de bois blanc.

Cette collection peut convenir à une institution publique, à un amateur, ou à une personne qui veut établir un cabinet héraldique.

M. de Koch a voué une grande partie de son existence pour former cette collection, et il y a engagé un capital de plus de 11,000 fr.

Les numéros, concernant un seul pays, mais avec subdivision a. b. c. d., etc., pourront être réunis ou séparés, selon le gré du vendeur.

319. Allemagne. Empereurs et anciens ducs d'Autriche, 1343-1848, 221 pièces, dont beaucoup en cire de différentes couleurs.

Albert II (duc), 1343, cire rouge. — Le même, 1357, beau sceau en cire jaune. — Albert III, vers 1400, cire r. — Albert V, 1438, cire r. (2 pièces). — Charles IV, vers 1360, cire j. — Charles V, vers 1520, cire r. — Charles VI, cire r. (6 pièces). — Charles VII, cire r. — Ferdinand Iᵉʳ, vers 1560, cire r. (2 pièces). — Ferdinand II, vers

1620, cire r. — Ferdinand III, cire r. (2 pièces). — François Ier,
vers 1760, cire r. — François II, vers 1810, cire r. (3 pièces). —
Frédéric III, vers 1450, cire r. (5 pièces). — Guillaume, vers 1400,
cire r. — Joseph, cire r. — Joseph II, 1780, cire r. — Léopold III
(duc), vers 1380, cire r. — Le même, 1382, gr. sceau en cire jaune.
— Léopold IV, vers 1400, cire r. (2 pièces). — Léopold-Guillaume,
vers 1650, cire r. (5 pièces). — Léopold, vers 1660, cire j. — Marie-
Thérèse, cire r. (4 pièces). — Mathias, 1612, cire r. — Maximilien Ier, vers 1500, cire r. (5 pièces). — Maximilien II, cire r. —
Maximilien (frère de Rodolphe II), cire r. — Rodolphe IV (duc), 1360,
cire r. — Le même, 1362, cire r. — Le même, 1364, cire r. —
Rodolphe II, vers 1600, cire r. (4 pièces). — Sigismond, gr. et beau
sceau en cire jaune et rouge, vers 1420, etc., etc.

Suite remarquable.

**320. Allemagne. Anhalt, à partir de 1275, ensemble
215 pièces, dont plusieurs en cire.**

Agnes, vers 1517, cire r. (oval.) — Albert II, 1362, cire bl. —
Bernard, 1288, cire bl. — Bernard IV, 1345, cire bl. — Bernard V,
vers 1400, cire br. — Emanuel, 1671, cire r. — Erneste, 1515,
cire r. — Georges, vers 1460, cire r. — Georges III, vers 1540,
cire r. (oval.) — Guillaume III, vers 1660, cire r. — Jean, vers
1450, cire j. — Jean II, vers 1370, cire bl. — Jean Erneste, 1558,
cire r. — Jean Erneste, 1583, cire r. — Jean Georges de Dessau,
1587, cire r. — Louis de Ccothen, 1613, cire r — Magnus, chanoine
de Magdebourg, 1517, cire r. (oval.) — Otto, 1387 et 1392, cire v.
(2 pièces.) — Rodolphe, 1324, cire bl. — Siegfried, 1275, cire bl.
— Waldemar, 1486, cire r. — Wolfgang, 1558, cire r. — Wolfgang de Coethen, 1511, cire r.

321. Allemagne. Bade, 112 pièces, dont 10 en cire.

**322. Allemagne. Bavière et Palatinat, 112 pièces, dont
plusieurs en cire.**

Henri, 1336, ciré rouge. — Estienne, chanoine de Magdebourg,
1470, cire r. (oval.) — Richard, vers 1540, cire r. — Frédéric III,
vers 1560, cire r. — Frédéric V (roi d'hiver), vers 1620, etc. etc.

**323. Allemagne. Ducs de Brunswick et princes de la
maison de Hanovre.**

Albrecht (der Dicke), 1297, cire bl. — Bernard, 1418, cire v.
(2 pièces.) — Bernard, administrateur de Hildesheim, 1456, cire r.
et cire v. (2 p.) — Christian, évêque de Minden, cire r. (3 p.) —
Conrad, évêque de Verden, 1300, cire bl. — Elisabeth (femme de
Franz Otto), vers 1558, cire r. — Erich, 1426, cire v. — Erich aîné,
1538 et 1540, cire r. et j. (2 p.) — Erich II, 1578 et 1584, cire r.
(2 p.). — Ernst (der Bekenner), 1538, cire r. — Ernst, vers 1540,
cire r. — Ernst, vers 1600, cire r. (2 p.) — Ernst August, 1698, cire r.
— Franz Otto, 1558, cire r. — Fr. Ulrich, vers 1620, cire r. (2 p.)
— Friedrich (der Fromme), 1439, cire v. — Friedrich (der Unru-
hige), 1480, cire v. — Georges Louis, vers 1700, gr. sceau en cire r.
— Heinrich (der Lœwe), 1175, cire bl. — Heinrich (der Lange),

1196, cire bl. — Heinrich (der Wunderliche), **1299** et **1322**, cire bl. et cire j. (**2** p.) — Heinrich (der Friedfertige), **1440**, cire v. — Heinrich IV, **1481**, cire v. — Heinrich (der Ältere), **1509** et **1514**, cire v. (**2** p.) — Heinrich (der Mittlere), **1515**, cire v. — Heinrich (der Jüngere), **1559**, cire r. (**5** p.) — Heinrich et Wilhelm, **1568**, cire r. — Heinrich Julius, évêque de Minden et Halberstadt, **1582-1600**, cire r. (**6** p.) — Julius, vers **1580**, cire r. (**2** p.) — Magnus (der Fromme), **1364**, cire bl. — Magnus (mit der Kette), **1370**, cire v. — Otto (das Kind), **1241**, cire bl. — Otto (der Freigebige), **1318**, cire bl. — Otto, **1326**, cire v. et cire br. (**2** p.) — Otto (der Lahme) **1418**, et **1434**, cire v. (**2** p.) — Otto (fils de Frédéric), **1436**, cire j. — Otto (der Jüngere), vers **1580**, cire r. — Sophie, abbesse de Gandersheim, **1453**, cire v. — Wilhelm (der Ældtere), **1482**, cire v. — Wilhem (der Jüngere), **1478** et **1484**, cire v.(**4** p.) — Wilhelm, vers **1560**. — Wilhelm, vers **1630**. etc., etc.

Collection des plus curieuses, composée de **66** sceaux en cire et de **306** empreintes de cachets de tous les princes de la maison ducale.

324. Allemagne. Hesse, 252 pièces dont plusieurs en cire.

Wilhelm IV, vers **1570**, cire rouge. — Louis, vers **1600**, cire r. — Maurice, vers **1600**, cire r. etc., etc.

325. Allemagne. Margraves de Brandebourg et rois de Prusse, 116 pièces, dont quelques-uns en cire.

Fréd. Guillaume le Grand, grand et beau sceau en cire rouge. — Jean George, **1571**, cire r. — Fréd. III (Fréd. Ier comme roi), vers **1690**, etc.

326. Allemagne. Princes de l'Eglise : Electeurs, archevêques, évêques, ordres de chevalerie, etc.

Brême, 5 pièces. — *Minden*, 5 pièces (4 en cire). — *Gandersheim* et *Quedlinburg*, à partir de **1426**, 27 p., dont 11 en cire.— *Hildesheim*, 22 pièces (Magnus von Sachsen, vers 1452, cire r. **2** p. — Berthold von Landsberg, vers **1500**), cire r. 2 p. — Erich von Sachsen, vers 1503, cire jaune (oval.) — Johann von Sachsen, vers 1520, cire r. — Johann von Haya, vers 1400, cire verte, etc.) — *Paderborn*, 15. p. (Simon von Sternberg, vers **1380**, etc.) — *Osnabruck*, 6 p. (J. V. Diepholz, vers **1430**, cire r. — B. v. Waldeck, 1588, cire r. — Erich von Braunschwerg, vers 1530. — Ernst Aug. V. Braunschweig, etc.) — *Liége*, 3 pièces. — *Werden* et *Helmstaedt*, 5 p.

327. Princes de l'Eglise, etc.

Augsbourg, 5 pièces (4 en cire). — *Bamberg*, 17 pièces (1 en cire). — *Basle*, 11 p. — *Berchtolsgaden*, 3 p. — *Breslau*, 4 p. — *Brixen*, 7 pièces. — *Chiemsee*, 1 p. en cire. *Chur*, 4 p. — *Constance*, 8 p. (1 en cire). — *Corbie*, 13 pièces. — *Eichstadt*, 8 p. (2 en cire). — *Ellwangen*, 1 p. — *Essen et Thorn*, 7 p. — *Freisingen*, 12 p. — *Fulda*, 15 p. — *Gurk*, 3 p., 2 en cire r. (un très-beau, 1438). — *Halberstadt*, à partir de 1400, 9 gr. sceaux en cire. — *Herford*, 13 pièces. — *Kempten*, 2 p. — *Lubeck*, 8 p. (Alb. de Krummendick, vers 1470, cire r. — Th. Arndes de Hildesheim, vers 1500, cire r. — Wilhelm de Westphalen, vers 1510, cire rouge). — *Magdebourg*, à partir de 1450, 6 grands sceaux en cire. — *Meissen*, 2 p. en cire. — *Mayence*, 32 pièces, dont un grand sceau en cire — *Munster*, 10 pièces, dont 4 en cire. — *Murbach* et *Luders*, 4 p. — *Ochsenhausen*, 1613, 1 p. en cire. — *Olmutz*, 5 p. — *Ordre Teutonique*, 18 pièces, dont 5 (1 tr.-gr.) en cire. — *Ordre de Saint-Jean*, 3 p. — *Passau*, 24 p. (J. de Scherffenberg, vers 1385, cire r. — L. de Laymingen, 1443, cire r. etc.) — *Prague*, 3 p. — *Ratisbonne*, 1 p. en cire r. — *Salzbourg*, 10 p. — *Spire*, 9 p. — *Stablo*, 4 p. — *Strasbourg*, 4 p. — *Cologne* et *Trèves*, à partir de 1415, 57 p. — *Trient*, 5 pièces, dont une en cire. — *Vienne*, 4 p. — *Wurzbourg*, 8 p.

328. Allemagne. Saxe. Ligne Albertine, 103 pièces, dont plusieurs en cire.

Rudolph de Saxe-Lauenbourg, 1353, cire v. — Auguste, vers 1620, cire r., etc., etc.

329. Allemagne. Saxe. Ligne Ernestine, 238 pièces. (Fréd. II, 1693, cire r., etc.).

330. Allemagne. — Wurtemberg, 188 pièces (plusieurs en cire).

331. Princes régnants et non régnants : Lippe, Nassau, Mecklenbourg, Schwarzbourg, Reuss, etc.; ensemble 1,308 pièces, dont plusieurs très-anciennes en cire de différentes couleurs.

Henri, duc de Silésie, 1363, cire jaune. — Joachim Fréd., duc de Silésie, chanoine de Magdebourg, cire rouge (ovale). — Louis, comte de Nassau, cire rouge. — J. Anton, prince d'Eggeberg, vers 1640, cire r. — Eitel Fréd. de Siegmaringen, 1613, cire r. (oval,) etc., etc.

332. Archevêchés, évêchés, abbayes, ordres religieux, universités, administrations, etc.; 383 pièces collées dans une boîte.

333. Anciens comtes, à partir de 1200, 66 sceaux en cire de différentes couleurs (12 en reproduction moderne.

Henri de Regenstein, vers 1350, cire v. — Ulric de Reinstein, cire v. — Henri de Regenstein, 1312, cire v. — Adolphe de Schauenburg, vers 1550, cire r. — Henri de Blankenburg, 1312, cire bl. — Otto IV de Holstein-Schauenburg, vers 1500, cire r. — Gunther de Schwarzburg, 1359, cire jaune. — Otto de Wolpe, 1298, cire bl. — Comte de Honstein, vers 1300, cire bl. — Henri de Pyrmont, 1438, cire v. — Otto II de Holstein-Schauenburg, vers 1400 (2 pièces),

cire v. — Otto III de Holstein, vers 1460, cire v. — Anton Ier de
Holstein, cire v. — Jean de Holstein, vers 1470, cire v. — Herman
de Monfort, vers 1470, cire r. — Hugues de Monfort, 1420, cire
jaune. — Ulric Eitzinger von Entzing, 1457, cire r. — Henri de
Warberg, 1505, cire v. — Albert de Henneberg, vers 1520, cire r.
— Sophie de Henneberg, 1341, cire br. — Henri de Klettenberg,
1253, cire bl. — Ulric de Regenstein, 1275, cire bl. — Henri III de
Blankenburg, 1290, cire bl. — Ulric de Gatersleben, vers 1300,
cire bl. — Erich de Gatersleben, vers 1300, cire bl. — Burchhard
de Meinersen, 1275, cire bl. — Jutta de Henneberg, 1314, cire
verte. — Louis de Henneberg, 1347, cire v. — Elisabeth de Henneberg, 1349, cire v. — L. de Woldenburg, 1310, cire bl. — Ludolf
de Dassel, 1298, cire bl. — Conrad de Woldenburg, 1310, cire bl.
— Meiner de Schladen, 1283, cire bl. — Siméon de Dassel, 1298,
cire bl. — Gebhard de Werningerode, 1253, cire bl. — Otto de
Falckenstein, 1287, cire bl. — Ad. de Schwalenberg, 1290, cire bl.
— H. de Woldenberg, 1296, cire bl. (2 pièces). — Gottschalk de
Plesse, cire j. — Phil. de Gleichen-Spiegelberg-Pyrmont, 1585,
cire v. — Ern. de Reinstein-Blankenburg, 1560, cire r. — Conrad
de Rudenberg, 1253, cire bl. — Henri de Stromberg, 1253, cire bl.
— Rud. de Diepholt, vers 1450, cire v. — Ulric de Reinstein-Blankenburg, 1440, cire v. — Ern. de Reinstein, 1557, cire br. — Jean
Ern. de Reinstein, 1599, cire r. — Mechtilde de Woldenberg, 1268,
cire bl. — Albert d'Ortenburg, 1227, cire bl. — Eckbert d'Asse-
burg, 1268, cire bl.

334. Comtes libres, 245 pièces. *5.€*

335. Comtes, 4,397 pièces. *5.€.*

336. Noblesse de l'Allemagne et de la Prusse, y compris *5.€*
la Silésie et les Etats héréditaires de l'Autriche, 6,062
pièces collées en 8 grandes boîtes imitant des volumes
reliés in-fol.

337. *a.* France. Rois et leur famille, à partir de *100*
Charles IX, 150 pièces (Marie-Antoinette, duc de
Berry, etc.).

b. —— Famille Napoléonienne, 49 pièces.

c. —— Ducs, 367 pièces.

d. —— Comtes, marquis, archevêques, évêques, etc.,
2,249 pièces.

e. —— Dynastie Napoléonienne : ducs, comtes, marquis, etc., 350 pièces.

338. *a.* Angleterre. Rois et famille des rois, 128 pièces, *40*
à partir de 1339 jusqu'à nos jours.

Henry of Lancaster, 1339, cire r. — Jacques II, vers 1686, cire r.
— Jacques III (le Prétendant), cire r. — Guillaume III et Marie,
vers 1690, cire r. (2 p.) — Charles Ier, Charles II, etc., etc.

b. —— Ducs, 88 pièces.

c. —— Marquis et comtes, 1,334 pièces.

339. *a.* **Pays-bas. Anciennes maisons régnantes :**
Jeanne de Lorraine et de Brabant, **1357**, cire verte. — Philippe, duc de Bourgogne, **1450**, cire verte (très-beau sceau). — Guillaume d'Egmont, comte de Gueldres, **1451**, cire rouge. — Comte d'Artois, **1530**, cire rouge.

b. —— Maison d'Orange, 58 pièces.

c. —— Roi de Belgique, 1 pièce.

d. —— Princes :
Albert de Ligne, vers **1650**, cire rouge, plus **81** pièces (Croy, d'Aremberg, etc.).

e. —— Comtes et marquis, 452 pièces.

340. *a.* **Italie. Rois de Sicile, Sardaigne, ducs de Toscane, Parme, etc., 63 pièces.**

b. —— Princes et cardinaux, 518 pièces.
Raimond Pérauld de Santona, vers **1505**, cire r. (ovale.) — **J.** Moroni d'Ostia. — Nic. de Cusa. — Ottoboni de Razzis, vers **1310**, cire r. — Bern. di S. Genesio, vers **1340**. — Giov. de Moravia, vers **1390**. — Epreuve moderne en cire r. (l'original a disparu à Florence) du grand sceau grav. par Benvenuto Cellini pour le cardinal de Médicis, etc., etc.

c. —— Comtes, marquis, archevêques, évêques, etc., 1,686 pièces.

341. *a.* **Espagne. Rois et princes du sang :**
Philippe II, grand sceau en cire rouge. — Albert d'Autriche et Elisabeth d'Espagne, cire rouge, etc., etc., **33** pièces.

b. —— Grandes Titulados, 272 pièces.

342. *a.* **Portugal. Rois de Portugal et empereurs du Brésil, 18 pièces.**

b. —— Ducs, marquis, comtes, etc., 159 pièces.

343. *a.* **Suède. Rois et princes de leurs familles, à partir de 1560, 68 pièces. — Erich XIV, Jean III, Sigismond de Pologne, Gustave-Adolphe, Charles XII, etc.**

b. —— Comtes et barons, 903 pièces.

c. —— Noblesse, 636 pièces collées en 2 boîtes, imitant des reliures de volumes in-fol.

344. *a.* **Danemark. Rois et princes du sang, à partir de 1650, 56 pièces.**

b. —— Comtes, barons, etc., 441 pièces.

345. *a.* Hongrie et Transylvanie. Rois, 4 pièces.

Marie, fille d'Etienne Ier, vers 1320, circ rouge. — Charles, vers 1330, circ rouge, etc.

b. —— Princes et comtes, 388 pièces.

c. —— Noblesse, 244 pièces collées dans une boîte imitant un volume relié in-fol. (Avec table manuscrite.)

d. Bohême. Rois, 2 pièces.

Georges Podiebrad, vers 1460 (épreuve moderne). — Frédéric (roi d'hiver), 1621.

346. *a.* Pologne (Rois de) et ducs de Courlande, 97 pièces.

Ladislas IV, Sigismond-Auguste, Jean-Casimir (cire rouge), Stanislas Leczinski, etc.

b. —— Princes, 148 pièces.

c. —— Comtes, 363 pièces.

d. —— Noblesse, 338 pièces collées dans une boîte imitant un volume relié in-fol.

347. *a.* Russie. Empereurs, 36 pièces.

b. —— Princes, 285 pièces.

c. —— Comtes, barons, etc., 745 pièces.

d. Grèce. Otto Ier, 1 pièce.

348. Noblesse des différents Etats de l'Europe, 7,740 pièces.

349. Enorme quantité de sceaux, cachets (anciens et modernes), reproductions d'anciens sceaux en bronze, cire, plâtre, etc. La plupart avec noms écrits de la main de M. de Koch, en boîtes, collés sur carton, etc.

HISTOIRE
DE L'INVENTION DE L'IMPRIMERIE
PAR LES MONUMENTS

Paris, de l'Imprimerie de la rue de Verneuil, 1840, gr. in-4°, fig.
en bois et fac-sim., br. . . . . **12 fr.**

On remarque dans cette publication importante, et tirée
à un nombre restreint d'exemplaires, des *fac-simile* de
Donat, de la Bible de 36 lignes, des lettres d'indulgence
de 1454, etc., *imprimés en caractères mobiles.*

Quant aux illustrations modernes, nous citons les grandes
planches de J. J. Granville, A. Schroedter de Dusseldorf,
G. Seguin, Etex, et autres ; toutes sont des chefs-d'œuvre.

Les bois qui ont servi à l'illustration de cette publication
ont été *détruits immédiatement après le tirage ;* chaque
exemplaire en fournit la preuve au moyen d'un feuillet placé
à la fin et tiré sur les fragments des bois brisés.

Nous donnons ci-après quelques lignes écrites par
M. Charles Nodier, et extraites du prospectus qui parais-
sait au moment de la publication de l'ouvrage.

« Parmi tous les beaux livres que la typographie a pro-
duits dans ce siècle de progrès, où l'on dit que toutes choses
sont arrivées à leur apogée, il n'y en a point de plus remarquable que celui dont voici le titre : *Histoire de l'invention
de l'Imprimerie par les monuments.*

« Le livre dont je parle n'est pas seulement, comme son
titre paraît l'annoncer, une histoire écrite et savamment
étudiée des faits qu'il consacre à la mémoire et à la recon-
naissance des hommes. C'est bien mieux que cela : c'est
une histoire vivante, une histoire qui s'adresse aux yeux,
une histoire qui fait voir et toucher ce qu'elle enseigne.
Vous savez sans doute que la typographie est, ainsi que tout
ce qu'on appelle une idée neuve dans la civilisation progres-
sive des sociétés, l'heureuse combinaison de certaines idées
établies et de certains faits acquis. Remontons au commen-

cement : voilà la vis du pressoir, voilà le moule du fondeur, voilà la taille de bois du graveur, voilà la planche de l'imagiste. Prenez les caractères un à un, comme vous les donne l'alphabet ; taillez-les dans le métal, jetez-les dans le moule, imprégnez-les de l'encre ou des couleurs du *gringonneur*, et soumettez le papier ou le vélin qui va en recevoir l'empreinte à l'action de la presse : voilà l'imprimerie. Je n'ai pas besoin de vous décrire tout cela ; je vous le montre. Et maintenant, ces premiers essais, les voilà : voici le poinçon, voici la matrice, voici le moule, voici le type, arrivés à leur plus haut degré de perfectionnement possible, car on a voulu vous faire participer à toute l'œuvre de l'inventeur, en vous épargnant seulement ses sollicitudes, ses doutes, ses découragements, ses désespoirs. Tournez encore un feuillet, et vous avez sous les yeux les premières pages du premier chef-d'œuvre d'un art qui est parvenu à son chef-d'œuvre, comme tous les autres, et peut-être plus promptement que tous les autres, dès le jour où il s'est révélé au monde. Le progrès aura beau faire, le génie qui invente l'avait deviné. »

LETTRES

ÉCRITES DE LA VENDÉE A M. ANATOLE DE MONTAIGLON
PAR BENJAMIN FILLON

Imprimerie de Pierre Robuchon, à Fontenay-le-Comte, 1861, gr. in-8, papier vergé, fig. br. 8 fr.

Tiré à 120 exemplaires dont 85 destinés à la librairie.

Les pages 1 à 37 de ces pièces *inédites* contiennent des renseignements sur Pélerin (Viator). — La suite contient des documents importants sur Bernard Palissy et sa fabrication de faïences, et sur beaucoup d'autres artistes et personnes célèbres de la Vendée, ainsi que beaucoup de documents sur l'histoire des Arts dans toute la France. — La Galerie de famille du Parc Soubise. — La Maison aux piliers de la place de Grève (à Paris). — Hugues Pied-d'Oie, peintre de saint Louis. — Pièces sur Voltaire. — Anne de Parthenay, protectrice de Palissy. — Lettres de Louis XI relatives à l'achat d'Argenton par Philippe de Commynes, etc.

Paris. — Imp. de BRY aîné, boulevart Montparnasse, 81

www.ingramcontent.com/pod-product-compliance
Ingram Content Group UK Ltd.
Pitfield, Milton Keynes, MK11 3LW, UK
UKHW031747170726
13836UKWH00002B/933